日本語教師が知らない
動詞活用の教え方

海老原峰子

現代人文社

◎プロローグ

動詞活用を教えるのに苦労している日本語教師のために

　初級を指導する日本語教師には多くの悩みがあると思いますが、この本は、動詞の活用を教えることに苦労している日本語教師のために書きました。なぜなら私自身がこのことに悩み、日々悪戦苦闘していたからです。そして考え続けた末に遂にたどり着いた解決法、それはコロンブスの卵のようなもので、多くの日本語教師から「目からウロコ」と言われ、学習者からは「最初からこの方法で学びたかった」と絶賛された解決法で、ぜひ多くの方に知っていただきたいと思います。

＊

　私自身の経験を述べますと、1985年にシンガポールで日本語学校を始めた当初は、市販の教科書の中から英語の説明がついたものを選び使っていました。というのは、1クラスの授業は週に3時間しかなかったので、英語で説明できることはすべて英語で説明して、できるだけ多くの時間を会話に充てようと思ったからです。その教科書の内容は、学習項目の導入順序に関して他のほとんどの教科書と大体同じでした。そしてそれは現在市販されている教科書も似たりよったりです。当時私はそうした教科書の内容が何かおかしいとは思っていましたが、そんなものなのだとただ受け入れて教科書通り教えていました。

何がおかしいかというと、まず最初の数週間「です」、「じゃありません」という名詞文しか扱わないのです。動詞を教えないので会話がほとんどできません。しかも私自身「じゃありません」などという言葉は日常ほとんど使わないのです。

　また、やっと動詞が出てくるのですが、それが「います・あります」なのです。別にそれはかまわないのですが、これは英語学習で「there is/are」を be 動詞の次に扱うので、日本語もそうしました、という感じです。英語では「there is/are」は特殊な文型で最初に導入すべきだと思いますが、日本語の動詞「います」、「あります」はなんら特殊ではないので、なぜ真っ先に導入するのかわかりません。きっと生物、無生物によって使い分ける必要があるからかもしれません。そして、その課でよせばいいのに、助詞「が」を一緒に導入するのです。こうしてその日から学習者は「は」と「が」の違いがわからなくなります。わからなくなるというより、間違って覚えてしまいます。助詞「は」については第 3 部で扱います。

　そして何より致命的なのは、「ない形」や「て形」などの活用が導入される度に生徒たちがとても苦労することです。苦労するのは生徒だけではありません。教師も苦労するのです。読者の皆さんも経験されていることだと思いますが、最初に「ます形」だけを教えて定着させた後に、「て形」などを「ます形」を基準にして覚えさせます。しかし、「ます」形以外は定着させるのにものすごい労力が要りますし、定着しないケースも続出します。さらに半年か 1 年後に「ば形（仮定形）」や「よう形（意志形）」を教えるのですが、そこまでついてきている生徒はわずかで、悲しいかな彼らさえも「ば形」や「よう形」は頭で理解するだけで、

使いこなすようにはなりません。

＊

　この致命的欠陥をどうにかしようと思いめぐらし、ついに1986年に思いついたのが、動詞活用を50音と連動させて一括導入するという方法です。早速ワープロでテキストを作り、新しく始まるクラスの初日に使いました。初級コースの第1日目に動詞の6つの活用形を教えたのです。前代未聞のことなので、少し不安はありましたが杞憂でした。生徒たちは、私が学生時代に初めてドイツ語の授業を受けた日のように、教師の言うことをそのまま受け入れました。効果てき面で、「ない形」を教える苦労、「て形」を教える苦労が消えてしまったのです。他の教師にも大好評で、このやり方で動詞を教えるための副教材をあれこれ考え出してくれました。その後この教授法は特許まで取得しました。テキストは何度か改良したのち、1988年に初級教科書『ニュー・システムによる日本語』として出版しました。『ニュー・システムによる日本語』は、学校での授業だけでなく、今日まで250社を超える企業の日本語研修でも採用されています（「巻末資料4 主な研修先」参照）。

　私は全ての日本語学習者と日本語教師が動詞活用についての苦労を解消できるようにと願い、このテキストを普及させるため最新版をウェブサイト（http://japanese.wook.jp）で無料公開しています。今回この本を出版するのも、日本語教師のみなさんの苦労を減らすだけでなく、教え子が上達する喜びを味わってほしいからです。この教授法と教科書『ニュー・システムによる日本語』を使うことにより、みなさんの生徒さんは、今まで1年かかってもうまくできなかったことがたった数週間でいとも簡単にでき

るようになります。現在までシンガポールや中国を中心に 15 万人以上の学習者に使われてきて、効果は実証済みです。

　そんなに言うならすぐ使ってみようという方はこのまま第 2 部にお進みください。一応理屈を知りたいという方は第 1 部からお読みください。

2015 年 6 月

海老原峰子

＊『ニュー・システムによる日本語』は 2016 年 4 月から有料になりました。

日本語教師が知らない動詞活用の教え方
目次

プロローグ　動詞活用を教えるのに苦労している日本語教師のために………ii

第1部
動詞活用の間違った教え方
──「ます形」から教えてはいけないワケ

1　初級日本語教育の間違い………2
　語学教育批判は正しいか………2
　日本語がうまく話せない本当のワケ………3
　CEFRとJFスタンダードの違い………4

2　日本語教師　昔と今………7
　ズレていた日本語教師………7
　「私は田中です」という表現………8
　自然な日本語を効率よく教える………9

3　中国で絶賛される教授法………11
　中国人教員、師範志望者が絶賛する「動詞活用一括導入」………11
　『ニュー・システムによる日本語』に出会った人々………20

4　特許取得の『ニュー・システムによる日本語』とは………22
　他を圧倒する『ニュー・システムによる日本語』での学習………22
　ドイツ語やフランス語の教授法………23
　スキルの習得法と矛盾する日本語教育………24
　動詞活用を苦もなく定着させる『ニュー・システムによる日本語』………25
　楽しく教えてナンバーワンの学校に………27
　初めての授業………27
　シンプルな教え方で生徒が大きく進歩………29
　なぜ特許が取得できたのか………30
　スキル習得は法則・原理を体や脳に覚えさせることから………32

5 脳科学と日本語学習………33
　海馬の働きを利用しよう………33
　「ます形」だけを教えるマイナス………34
　動詞活用を一括導入して日本語脳を作る………35
　学習のスピードアップ………36

6 『ニュー・システムによる日本語』の広がりとJLPT………38
　『ニュー・システムによる日本語』の賛同者は確実に増えている………38
　中国の日本語教学研究会フォーラムでの反響………39
　日本語能力試験N5が無視できるか………40

7 『ニュー・システムによる日本語』が適している学習者とは………42

8 ヨーロッパ言語学習法との比較………44
　1980年代に使っていた教科書………44
　基礎の重要項目が欠落している日本語教育………46

9 こんなに教えているCEFRに沿った英語のテキスト………47
　NHK『テレビで基礎英語』に見る学習順序………47
　応用のきく重要事項を最初に学ぶ………51

10 これしか教えていないJFスタンダードに基づく代表的な教科書 53
　『まるごと』の各課の内容………53
　『みんなの日本語』の各課の内容………56

11 文法か会話か………59
　文法なしにはありえない………59
　話し言葉と書き言葉………60

12 海外で日本語を学ぶ場合………62
　アニメがわかる日本語教育………62
　「です・ます」と「んです」を同時に教える………63

13 「文法積み上げ方式」か「can-doシラバス」か……65
　時代遅れではない「文法積み上げ方式」………65
　「文法積み上げ方式」と「can-doシラバス」の使い分け………66

14 なぜ頑丈な家がはやく建つのか………68
　JLPT N3、N2への最短距離………68
　N5が回り道である理由………71

15 留学生30万人時代の日本語教育………73
　増加する日本語学習者と旧態依然の日本語教育………73
　もし従来の教科書を使い続けるなら………75

16 理系学習者に好かれる教科書、嫌われる教科書………77
　文系学習者と理系学習者の根本的違い………77
　理系学習者に適した教え方………78

17 シンガポールで評判の『ニュー・システムによる日本語』………81
　ビギナークラスでびっくり………81
　「動詞を理解するのに本当に簡単なプログラム」などの声………83

18 学習者の望む教科書とは………85

19 日本語の美しいシステムと日本語教育………87
　驚くべき日本語の50音………87
　動詞の活用形を使いこなせない教育は間違っている………88
　今日から使えるメソッド………89

20 頼もしい日本人教師と目を輝かせる生徒たち………90
　生徒があっという間に6つの活用形をものにする目からウロコの教え方 90
　「こういうシステムがあるの?」と目を輝かせる生徒たち………93
　ただただ感心、こんな斬新な本だとは………95
　アニメに使われていない「です・ます」だけでは生徒は不満。これで解決! 96

21 無駄な授業……98
　教科書通りに教える無駄……98
　始めから枝葉の部分にこだわる無駄……99
　意味もなく区別して教える無駄……100
　学習者が後で修正しなければならないことを教える無駄……101
　助詞「は」の間違った教え方……102

第2部
『ニュー・システムによる日本語』の全体像

　１週目から７週目までの内容と指導法……104
　最小限の文型やルールで多くの文をつくる……136
　８週目（第７課）から11週目（第10課）……139
　12週目（第11課）以降：原理から応用へ……143
　補足：グループ１動詞とグループ２動詞の見分け方……144

第3部
「『は』と『が』」の疑問が一瞬で消える

　「は」と「が」だけを比べるとわからなくなる……148
　現行教科書による問題……149
　「は」の使い方についての学習者の混乱過程……150
　問題解決と指導法……160
　間違った説明が混乱を招く……164
　結論：「は」を使うか「が」を使うかなどという問題は存在しない……166
　補足：文法のあるべき姿……167

エピローグ……176

　巻末資料１　動詞付き50音表……168
　巻末資料２　動詞はやわかり表（特許第1780123号）……170
　巻末資料３　初期に学ぶ６つの活用形と６つの公式……171
　巻末資料４　主な研修先……172

第1部
動詞活用の間違った教え方
——「ます形」から教えてはいけないワケ

1　初級日本語教育の間違い

語学教育批判は正しいか

　多くの語学教育関係者が口を揃えて言うのは、文法積み上げ方式ではなかなか話せるようにならない。日本での英語教育がいい例だ。中学、高校と6年間も英語を学習しても話せるようにならない、云々です。

　このような批判ははたして正しいでしょうか。日本人が英語を話せるようにならないのは、英語を使う機会がないからです。

　1960～1970年代頃は公立の学校では英会話の授業がなかったので、教育のせいという部分もなくはないかもしれません。しかし現在のようにcan-doシラバスを採用したり、週1～2時間英会話の授業があっても話せるようになっていないのですから、これは教育のせいとは言えません。頻繁に英語を使う機会がない

からです。こうしたことは外国においても普通に見られます。オーストラリアでは10年間の初等・中等教育課程で日本語を必修科目としている学校が多いのですが、日本語を話せる人はほとんどいません。

　このことは語学に限らず、数学や歴史など他教科でも同じです。学校を卒業してから全く使わない場合はどんどん忘れてしまい、急に「三平方の定理を証明せよ」とか、「天皇制の歴史を述べよ」などと言われても戸惑うばかりです。これは教育が悪いというより、現在の学校教育というのがそういうものだからです。さまざまなことを教える場になっているのです。そして、生徒たちはその中で自分に向いているものを選んで大学で勉強を続けたり、社会で応用したりするのです。そこで英語を選んだ人はずっと英語と付き合っていくわけですから、努力しながらそのうち話せるようになるはずですし、実際に頻繁に英語で話をする人たちはうまく話せるようになっています。また、英語の文献ばかり読んだり書いたりしている人たちは、英語の読み書きが上達するのです。

　日本語も同じことで、学校で習うだけでなく実際に生活の中や仕事で使っている人は上達します。うまく話せるようにならないのは、「文法積み上げ方式」が悪いからではなく、話す機会がないからなのです。ところが、日本語会話力の場合にはもう一つ別の問題があります。

日本語がうまく話せない本当のワケ

　実は日本語では、話す機会があってもうまく話せない、聞き取れないという問題があります。これは、学習した内容が自然な日

本語とかけ離れているからです。

　従来の教科書は初級の始めの方では、「会話」の部分も日本人の日常的な話し方ではなく書き言葉でしか教えていません。ですから、いくら勉強しても日本人が話していることを理解したり、日本人と会話したりできるようにはなりません。したがって、学習者が日本人と会話ができるようにするためには、文法を教えるのをやめたり減らしたりするのでなく、文法そのものを実際の会話に即したものに改めなければならないのです（始めに「ます形」しか教えないなど、とんでもないことです）。

　しかし日本語教育の傾向は、「場面シラバス」、「can-do シラバス」などと言って、文法をできるだけ背後に押しやっています。英語などの場面シラバス、can-do シラバスの教科書では、場面会話を教える際に基礎的な文法事項も省かずにきちんと教えていますが、日本語の場合、文法を減らす傾向があり、最も重要である動詞については相変わらず「ます形」しか教えていません。これでは日本人の会話が聞き取れるわけがありません。

CEFRとJFスタンダードの違い

　後に詳しく述べますが、ここで少し英語の can-do シラバスと日本語のそれとを比較してみたいと思います。

　CEFR（ヨーロッパ言語共通参照枠）の A1 レベルの教科書で文法を調べてみると、be 動詞を含む動詞の活用が最も初期に教えられています。まず、be 動詞が 1 人称、2 人称、3 人称で異なる形になること、一般動詞では否定にしたいときは do や does を追加しなければならないことを習います。さらに疑問文では、倒

置しなければならない、つまり be 動詞や助動詞を先に置かなければならないなど大変ややこしいことを学習します。そのほか、未来形や過去形も導入されています。こうした基本的なことが分かっていれば自己紹介、好き嫌いについて、趣味や日常生活などについて話したり、質問に答えたりできるわけです。また、後にcan、should などを使った文が導入されたときも容易に習得できます。

　一方、JF スタンダードはどうでしょうか。JF スタンダードに基づく教科書の A1 では、動詞は「ます形」しか導入されていません。英語の動詞が人称によって語尾変化するのと違い、日本語では動詞は意味などによって語尾変化するというもっとも基本的な性質やルールには全く触れておらず、「ます形」と「です」だけで自己紹介、好き嫌い、趣味や日常生活などについての会話を学習します。そこであたかも英語の A1 と同等のレベルになったと錯覚しますが、実は大きな差があります。

　日本語教師や日本語教育関係者は学習者に対して「ます形」だけで話しかけますが、一般の日本人は「ます形」だけで会話をする人はいません。「んです」を頻繁に使いますし、特に相手が外国人の場合は、できるだけシンプルな言い方が良いと思って普通体で話をする傾向があります。

　私は以前、ある国の両替所でカタコトの日本語を話すスタッフと英語のできない日本人がやり取りをしているのを見たことがありますが、日本人が一生懸命「ある」、「ない」などと言っていて、相手が理解できないので「なし」と言い換えてますますわからなくなっていました。また別のケースですが、日本で外国人に道を教えているのを見たのですが、「信号、渡らない」、「右に行って」、

「右に行く」などとできるだけシンプルに説明しようとしていました。ですから、英語CEFRのA1で要求されるようなやり取りはJFスタンダードのA1テキストを勉強してもできません。相手がたまたま「ます形」だけを使う日本人だった場合のみ、やり取りができるでしょうが。

　初級日本語教育での文法軽視は、会話力の進歩を遅らせるものです。英語のA1レベルのテキストと同様、日本語の初級教科書にも基本的な文法や動詞の活用システムを必ず入れるべきです。「プロローグ」に述べたように、私は今から30年近く前に、動詞の活用をビギナーの最初から教えなければいけないと考え、新しい教授法を開発し、『ニュー・システムによる日本語』という教科書を作りました。2012年からこの教科書はPDF及び電子書籍として無料でダウンロード（サイトは、japanese.wook.jp）できるようになっています。[*]

[*] 2016年4月から有料になりました。

2　日本語教師　昔と今

ズレていた日本語教師

　言うまでもないことのようですが、語学を教えるとき、日ごろ自分たちがどのような話し方をしているか客観的に観るということを怠ってはならないと思います。しかし日本語教育に限って言うと、教科書に書かれていることに何ら疑問を持たずに教えている場合が少なくありません。

　私がシンガポールで日本語を教え始めた 1980 年代のことです。日本にある日本語学校の授業の様子をビデオで見ていていささか驚きました。初めての授業で自己紹介をしている場面ですが、先生（日本人）も生徒も「私は○○です」などと言っていたのです。

　日本人同士が初めて会ったとき、私たちは何と挨拶するでしょうか。「○○です」または「○○と申します」というのが一般的

ではないでしょうか。いったい誰が「私は鈴木です」などと自己紹介するでしょうか。「私は鈴木です」というのは、例えば間違って名前を呼ばれたとき訂正したりする場合などに用いる表現なのです。

「私は田中です」という表現

　そこで当時、権威のありそうな初級用教科書を調べてみたら愕然としました。多くの教科書で自己紹介のところに「私は田中です」などという表現があったのです。そこでわかったことは、日本語の教科書を書くような人たちがこの水準だということでした。

　さらに、いろいろな表現の教え方を調べてみるとたいへんなことがわかりました。どういうことかと言うと、ある種の表現を教えるとき、その表現がどのような状況で、あるいはどんな立場の人に使える、または使えないということが、ほとんどの場合説明されていないのです。例えば「〜てはいけません」の項目では、「教室でたばこを吸ってはいけません」などという例文が出ているのですが、小さな子どもにならともかく、大人に向かって「〜てはいけません」などと使えるでしょうか。そういえば、昔シンガポールで観光バスに乗ったら、現地のガイドさんが「〜てはいけません」、「〜なさい」などを連発しているので変だと思いましたが、そのガイドさんのように外国人がおかしな日本語を使うわけがわかりました。日本語の教科書にきちんと説明が書いてないし、日本語の先生も無頓着でそういうことをちゃんと教えていなかったからなのです。

　日本人が使ったら絶対おかしい表現、したがって、日本人が絶

対使わないような表現を何の疑いもなく外国人に教えていたという現実。当時、さまざまなおかしな表現を平気で教えていたのは、文法的知識の有無も関係するでしょうが、何より教えている当人に言葉のセンスが不足していたからです。本人がおかしいと気付いていなかったことが何より問題だったです。

自然な日本語を効率よく教える

　当時の根本的な問題は、日本語を教える立場にある人——日本語教師や教科書を作る人——が、おかしい日本語をおかしいとも思わなかった、つまり言葉に対するセンスが足りなかったということなのです。こうしたことは21世紀の今日ではずいぶん改善されてきました。教師養成講座なども充実してきて教師の意識も高くなったようです。しかし、まだまだ80年代頃に近い感覚で授業が行われているところもあります。

　日本語教育に携わる以上、私たちが日ごろ無意識に話している日本語というものをもう少し客観的に見ていかなければいけないと思います。そのような意識を持てば、自然と私たちがいつも使っているような日本語を学習者に教えていきたいと思うようになるでしょう。そうした気持ちを、日本語を教える立場にある人すべてにもってほしいと思います。

　自然な日本語を効率よく教える。この観点から、教科書『ニュー・システムによる日本語』は生まれました。この教科書の最大の特徴であり、また日本語教授法の分野において史上初の特許を取得した「動詞活用の教え方」について、なぜこのように教えなければいけないのか、そしてその具体的方法、従来の教え方では

どうしてだめなのかということを本書で詳しく述べてみたいと思います。『ニュー・システムによる日本語』には、動詞活用の教え方の他にも、助詞「は」の世界一簡単な法則など、今までわかりにくいと言われていた項目のシンプルな教え方も含まれています。

3　中国で絶賛される教授法

中国人教員、師範志望者が絶賛する「動詞活用一括導入」

　『ニュー・システムによる日本語』を詳しく説明する前に、この教授法を体験した人々の声をお聞きください。
　現在私は各地を回り、非母語話者教師や師範志望の学生を対象に、教科書『ニュー・システムによる日本語』の動詞活用一括導入の指導法についてセミナーをしています。これまでに中国のいくつかの大学で、教員と院生（師範志望者）を対象にセミナーを行ないました。そのときのアンケートのごく一部を記載します（明らかな誤字・脱字は筆者が訂正した）。

● 　よく勉強になりました！　動詞の活用形とその用法について、

私は大学時代の時、だいたい混乱し、よく使えなかったし、本当に困ったと感じました。先生の授業の後、動詞の活用形を頭でシステムになって、はっきりになります。こんご、こういう使い方を使って、できるだけ活用しようと思います。本当にありがとうございます。

● いろいろ勉強になりました。今まで他人との会話の中に、「ます形」と「て形」を使うことが多い。今後、「よう」形とか、「ば」形とか使いこなすように頑張りたいと思います。先生の教授法は一見見ると、簡単だと思いますけど、生徒たちを楽に、効率的に単語と文法を覚えさせると思います。

● 日本の先生がわざわざ〇〇大学に来てくれて、本当に感謝します。五十音表を利用して動詞の活用型をはっきりに現われ、覚えやすいし、そして初学者にとって日本文法を学ぶいい方法と思います。九九計算法みたい、毎日この五十音表を練習して、動詞の活用が混乱になることはないと思います。わかりやすいし、これからもこの方法を利用して日本語の知識をもっと勉強したいと思います。

● 今いろいろ勉強になってどうもありがとうございました。今のセミナーを通して、動詞の活用形とその用法の考え方をもっと深く理解します。まず全面的に動詞の活用形とその用法を学習者に理解させて、それから、一つずつを教えて把握させる教え方は、将来もし教師になればやってみようと思っています。

● あたらしい方法で、五十音図を身につけるのはとてもおもしろいと思います。学生たちはそういう方法で五十音図を覚えやすいと思います。また、動詞の活用もよく覚えます。

● このセミナーははやく大学一年生の時から聞ければよかった

なと思います。先生の授業法はとてもすばらしくてわかりやすくて理解します。動詞の6つの型は簡単に説明してくれましてありがとうございます。この授業法ははじめて知ってますので、すぐなれてきます。「きかないんです」「ききます「きくんです」「きけばいいですか」「きこうと思います」「きいてください」という形でよく説明してくれますのは、とてもたのしかったです。すぐおぼえます。

● 今はもう院生一年生になりましたが、大学一年生が初めて日本語を習った時の苦労も覚えています。特に動詞活用について、混乱することがよくあったんです。今日は海老原先生の授業を受け、とても感動します。もし、大学一年生の時このような授業を受ければいいなあと思っています。それは、この教授法はとてもやさしくて理解しやすいからです。

● 先生の講演会を聞いて、大変勉強になりました。大学時代でいつも「ます形」を用い、会話をします。様々な形を学んでいますけど、よく使わないから、ほとんどが忘れてしまいました。先生のおかげで、いろいろな知識を思い出しました。先生はこの教材を書く目的を教えてくれて、非常に先生の考えを認めます。なぜかというと、今日本語を勉強する学生たちが私みたいに、形についての使い方を混乱している感じを持つ者はたくさんいます。

● 今日は先生の動詞活用をご説明くださって、本当に衷心より感謝のお礼を申しあげたいんです。さて、この動詞活用の教授法について、一番印象深いのは、学生にとって簡単に受け入れられると思って、単なる学生の頭に図表通りに入れるのではない。もし、将来、先生になったら、この方法を使ってみると思う。

● 先生の授業を聞いて、すごく感心した。先生の教え方は従来のと違って、とても覚えやすく、理解しやすいと思っている。初めて動詞を勉強した時に、たくさんの時間がかかった。もし当時は先生の教授法を使えばよかった。もしそれから私も先生になったら、かならず先生の教授法を参考にして学生を教えると思う。

● その教授法がとても有効だと思います。学生として、きっと楽しいだと感じます。その活用ラインは便利で、覚えやすいです。先生の授業を通じて、動詞の変形とか一目瞭然です。会話もすぐできるようになりました。今後の先生の卵である私にいい勉強になりました。

● 先生がおっしゃった教授法がなかなか新しいイメージをやってくれました。日本語教育の方法はやはりそういうふうなアラスジでわかりました。もし、教師になろうと、この方法はぜひ役に立つと思います。

● 新しい日本語（特に動詞）の教え方を学びました。斬新で面白いと思います。50音表とその発音、教科書をダウンロードして使ってみようと思います。とても勉強になりました。ありがとうございました。

● 動詞活用について、いろいろ勉強しました。本当に感謝いたします。また50音について、五段動詞の活用を勉強しながら、50音も勉強することになっている、まさに一石二鳥な学習方法だと思います。もし将来チャンスがあれば、敬語についてまたいろいろ勉強したいと思います。

● 先生の教え方は非常に分かりやすいです。私は非常に勉強になりました。将来、先生になるのに役立つの教え方だと思います。

先生の教授法とてもいいと思います。実は、私は大学院に入る前に、五か月の日本語先生をやっていたんです。学生たちは日系企業の社員なので、聞く能力と会話能力が身につけようと思っていますが、なかなか動詞の活用がゆっくりに使えません。先生の動詞の活用についての教授法がわかりやすくて、よく練習すれば使えることができます。今後、もし日本語を教えるチャンスがあったら、ぜひこの使い方を導入しようと思います。

● 今日先生の講義を拝聴させていただいて感謝いたします。動詞の活用は外国人にとってとても難しいと思います。今日50音表の使い方を読んでから、はっきりとした感じがあります。そして、教科書にはいろいろな会話がありますので、動詞の使い方を学んでから、自分で会話を練習すると、早く動詞の使い方をマスターできるようにとても役に立つと思います。ですから、もしできれば、この教科書をゆっくりと読みたいです。

● いろいろな知識を教えていただいてすごく勉強になりました。先生のおっしゃった動詞活用の教授法はやはり、大学時代から学んだのとは違います。覚えやすくなった感じがします。もし、将来、先生になったら海老原先生の教授法を利用させていただきたいのです。先生の講演を感謝しております。

● まず、この授業でとても勉強になりました。将来に自分の学生にもこのように動詞を導入して、教えたいと思います。そして、その教授法の中で、最も感心したのは50音表と連動して、動詞を導入することです。それはとても覚えやすいと思います。最後は、50音表の教え方も勉強になりました。私の悩みをよく解決しました。

● 簡単に理解し、複雑な知識は易しいにおぼえます。

感想といえば、まずは海老原先生のニュー・システムの日本語教え方がすてきと思います。今までたくさんの先生の教え方と違って、海老原先生の方がもっと理解しやすいし、容易に身に着けると思います。この教え方によって、生徒たちの興味をだんだん高めます。本当にいい教え方と思います。

● 先生は動詞の６つの活用形を私たちに詳しく教えてありがとうございます。よく勉強になりました。この部分の動詞活用はとても重要だと思います。

● 先生の教え方は素晴らしいと思います。先生の授業を聞いたら、動詞の使い方をちゃんと覚えると信じています。

● 今日の授業を聞いて、たいへん勉強になりました。はじめて「あいうえお」は「ない、ます、辞書形、〜ば、〜よう、て」に適応するのを分かりました。

● 動詞の使い方は以前より難しくないと思う。五十音図も簡単になると思う。六つの活用形も簡単に覚える。日本語の勉強に対して、大きな役割をすると思う。

● 日本語の勉強を始めてから、動詞の活用は私にとってずっと難しい部分です。でも、今日の授業を受けたあと、新しい方法を使ってみて、動詞の活用を簡単になるようにと思います。よければ、日本語を勉強している友達にすいせんしようと思います。今日はどうもありがとうございました。

● 動詞のパターンがたくさんあります。日常に使う時、話す場合関係の異なりによって、動詞の使用が違います。そして、会話をする時、動詞が重要ですと思います。動詞を正しく使う必要があると思います。

● 海老原先生の講演は素晴らしいです。動詞活用についてもっ

と理解することができます。この方法は日本語を教える場合で使えば、日本語に対してもっと活用したことができます。
● たいへん勉強になりました。「動詞」の使い方についてほんとうに難しいです。学生に教える時もいろいろ工夫しましたが、効果があまりないんです。これからの授業で、海老原先生みたいに一度こんな教え方で授業したいと思います。
● この一括導入の教授法は学習の興味が高めるだけでなく、覚えやすいと思います。今日は本当にいろいろな知識を勉強しました。
● まず、海老原先生のほうに感謝しております。本当に勉強になりました。次は、『ニュー・システムによる日本語』にも強い興味を持っています。これらの『ニュー・システムによる日本語』テキストでは、動詞活用の教え方も適当で、わかりやすいし、先生の教授法もとてもすばらしいと思いますので、きっと人気がありますよね。最後に、今度はお忙しいところ来てくれて、本当にありがとうございます。
● 先生からのセミナーを聞いて楽しいと思います。特に会話の部分は学習の内容を練習することです。また、日本語の動詞についての系統的に理解することはよいと思います。動詞の変形形式などの教え方も生徒にとって易しく納得できる。
● とても楽しかった。今日はもう一度その動詞活用について勉強してようやくその大切をわかった。以前は大学でその動詞活用の練習を何度もしていたのですけど、本当の意味はよくわからなかった。今日は先生のおかげでその本当の意味が初めてわかった。大学の時の私にとって文法ということはつまらないことですが、今はおもしろいと思った。以上です。本当にありが

とうございます。
- 動詞の勉強することは私にとってはとても難しいです。このセミナーを聞く後、もっと便利な勉強方法がわかります。日本語を勉強する上でもっと自信があります。
- 動詞についていろいろ勉強しました。先生のおかげで会話も作り出しました。こんなセミナーも好きです。
- まずは、このチャンスをいただいて、本当にありがとうございました。この教える方法が非常にわかりやすいです。自分はわかりやすい。生徒たちに教えるのもわかりやすいかもしれないと思います。そして、もっと前にこの方法を学ぶほうがいいと思います。
- 先生の授業を聞かせていただいて本当にありがとうございました。新しい教え方としては非常に斬新である。初心者にとっては覚えやすいのではないかとつくづく思いました。どうもありがとうございました。
- 海老原峰子先生の教授法を学んだ後、動詞の各々の形がはっきり脳の中に浮かべる。前の学び方と比べると、非常に覚えやすいと思う。前の学び方のように各々の形式を一つずつ学んだら困りやすく、わかりにくい。
- 動詞の活用形は頭を悩ませる学習内容です。今日先生の講義を受けて本当に簡単に習得できる効率的な方法だと思います。ただし、今使用している教材は従来型の学校文法なので、活用するに無理があると思います。とても残念に思っております。（著者注：ところが、この教授はセミナー後全教員を集め、『ニュー・システムによる日本語』を始まったばかりの新学期から使うことを決定しました。）

● 　海老原先生のセミナーを聞いて、いろいろな収穫があります。動詞活用の教授は簡単になりました。将来、先生になりたい私にとって、教える能力を上げるのが一番重要だと思います。ありがとうございます。
● 　このセミナーがとてもいいと思います。先生の教え方を覚えました。もう、動詞活用についての問題がありません。
● 　本当に素晴らしい講座です。受講して大変勉強になりました。これから、私の授業でも、先生の教えた教え方を使ってみようと思います。きっと役に立つんだろうと思います。今日は、ありがとうございました。お疲れさまでした。
● 　たいへん勉強になりました。受講者のモティベーションや考え方を考慮して、このような教え方もできると思いました。試してみたいと思います。
● 　はじめてこういう教え方を聞きますので、なかなかいいと思いました。ちょうど今週から1年生の授業が始まりますので、授業に使ってみようと思います。ありがとうございました。
● 　私は「辞書体」から教えられたんですから、この教え方を自然なものだと思っていました。今初めて「動詞の全体像を見せること」が大事、このことを覚えて、応用したいと思います。
● 　先生の話をきいたあと、中国と違う理念に接しました。「ニュー・システム」の文法です。日本語を勉強した最初こんなふうに活用と五十音を勉強したら、ずっと覚えていると思います。さまざまな勉強法を接して、ほんとうにうれしいです。日本語を勉強している道路で、新しい方法を見つけました。本当にありがとうございます。
● 　長い年間、日本語を使いながら、仕事をしていましたが、今

日のように日本語の文法について、おもしろく楽しい内容を自分の身体に受けとめたことがありませんでした。大学時代に覚えた日本語の文法より、さらに勉強しやすい教授法だと思います。受講できてよかったんです。

『ニュー・システムによる日本語』に出会った人々

　ほとんどの参加者が「簡単」、「覚えやすい」、「わかりやすい」、「効率的」と書いており、多くの人が「大学1年からこの方法で学びたかった」などと言ってくれました。私は2003年に引退するまでシンガポールで20年近くも『ニュー・システムによる日本語』で教えてきて、その効果は知り尽くしていましたが、別の国で、初めて会う人たちからこのような声を聴くことにより、私の主張していることが決して主観的なものでないことが分りました。

　もしみなさんが外国語を苦労して学習していたとして、あるとき画期的な学習法に出会い、もやもやしていたことが一瞬でわかり、その後スイスイと上達できたら、きっとその方法を手放さないと思います。従来の方法で勉強していて『ニュー・システムによる日本語』に出会った学習者はまさにそのような状態になるのです。始めから『ニュー・システムによる日本語』を使っている学習者は、苦労やもやもやを経験する必要はありません。ですから今、ダウンロード数の詳細を見ると『ニュー・システムによる日本語』は世界の多くの国で広がりを見せているのです。主教材やカリキュラムはなかなか変えられない場合が多いですが、副教材として相当な勢いで広がっています。もしかしたら日本ではあ

「動詞活用をマスターする」の特別講義には、日本語学科の学生約150名が参加した（中国の大学、2015年5月14日）。

まり普及していないかもしれません。これは、非母語話者教師がほとんどいないためだと思います。日本人の日本語教師は日本語を学ぶ苦労をした経験がないうえ、教師養成講座の枠や、JLPT各レベルの出題項目から逸れたことはしないのが普通だからです。しかし、本書を読まれれば、簡単で効率的な方法に変えたいと思われることでしょう。

4　特許取得の『ニュー・システムによる日本語』とは

他を圧倒する『ニュー・システムによる日本語』での学習

　では、本書で紹介する教授法と教科書『ニュー・システムによる日本語』はどのようなものなのでしょうか。また、なぜ学習者から絶賛されるのでしょうか。その一例を紹介してみましょう。

1. あした　いきますか。
   あしたは　いかないんです。
2. こんばん　なにをするんですか。
   テレビを　みようとおもいます。
3. なんじに　いけばいいですか。
   1じに　きてください。

上記は、週1回3時間の授業で7週間学んだ学習者の会話です。動詞を見ると、「ます形」、「ない形」、「辞書形」、「よう形」、「ば形」、「て形」が使われています。
　従来のやり方ではこの6つの形を学習するのに1年かかります。しかも、最初に学んだ「ます形」ばかりを使い、「ば形」、「よう形」は頭で知っているだけで実際の会話の中ではほとんど使えません。
　このように『ニュー・システムによる日本語』の学習効果と習得スピードは他を圧倒していますが、その根拠をみてみましょう。

ドイツ語やフランス語の教授法

　学生時代にさかのぼりますが、私はドイツ語を習ったとき、abc….の練習の後すぐに動詞の活用を習いました。
　Wo wohnen Sie?　（どこに住んでいるんですか。）
　Ich wohne in Berlin.　（ベルリンに住んでいるんです。）
　最初から、動詞の語尾が人称によって何通りにも変化することを表で覚え、さらに疑問文での倒置も学びましたが、抵抗なく覚えることができました。
　フランス語を独習した時も、とても早い時期に動詞の活用を学びました。まず、-er型動詞、次に -ir型動詞の語尾変化を覚えました。すると、自動的に主語が1人称、2人称、3人称の会話ができるようになりました。
　もしドイツ語やフランス語の学習において、動詞の不定形または1人称しか教わらなかったらほとんど何も話せません。何か月も経って2人称を習い、1年以上かけて3人称まで学んだとして

も会話の中で自動的に語尾変化ができるようにはならなかったと思います。

　一見ややこしいと思われる動詞の活用や倒置などが、なぜすぐに覚えられたのでしょう？

　それは、「5　脳科学と日本語学習」(本書33頁)で触れるように、始めに学んだことほど、よく覚えられるからです。そして後から考えたとき、「語尾変化を暗記しておいてよかった」とは思っても、「難しかった、初期の段階では不要だった」とは思いません。

　また、人間は興味を持ったものほどよく覚えられるのです。

　語学学校だけでなく、テレビのフランス語やドイツ語の講座も全て上記のような方法をとっています。

スキルの習得法と矛盾する日本語教育

　語学だけではありません。小学校のときに九九を覚えたおかげで、その後とても助かっています。みなさんは「子どものときに九九なんて暗記させる必要ない」とか「3の倍数を覚えるだけで良い」と思いますか。もし九九を知らなかったらどうでしょうか。足し算を延々と繰り返すしかありません。

　ところが、従来の日本語教育では、こうした経験や脳の特徴を無視し、動詞を教えるとき始めのうち「ます形」しか教えません。

　動詞の活用は初心者にはハードルが高い、「て形」を乗り越えるのは困難だ、などというのが理由らしいのですが、ハードルを高くして困難にしているのは教える方なのです。

　もしフランス語学習で、動詞の活用はハードルが高いからと、初級で原形（不定形）か1人称しか教えなければ、学習者はその

形だけが頭にこびりついて、だいぶ後になって2人称（親称と敬称）、3人称、単数、複数などを学ぶときハードルが高く難しいと感じて、乗り越えられない人が続出するだろうと思います。

　動詞など重要な事項は、ハードルを高くしてはいけないのです。

　フランス語はどの教科書を見ても動詞の活用が最初からチャートとして記載されています。私たち学習者はそのまま反復練習して覚えました。1人称だけでいいです、などと先生も私たちも言いませんでした。

動詞活用を苦もなく定着させる『ニュー・システムによる日本語』

　日本語の教科書も動詞の活用を最初からチャートで示すと、学習者はそのまま覚えます。「『ます形』だけでいいです」とか、「話すだけで、聞き取れなくてもいいです」などと言いません。日本語の動詞はこういうものだと頭に植えつけられます。そして何よりも会話が楽しくてしかたがなくなります。6つの活用形を知っていると、

　　A：今晩なにを　するんですか。
　　B：テレビを見ようとおもいます。
　　A：Bさんのうちへは　どうやって行けばいいですか。
　　B：地下鉄で　来てください。

　　　　　　　　　　　　　（下線部分が学んだ活用形）

などと、従来なら1年以上学ばなければできないような会話が、『ニュー・システムによる日本語』ではわずか数週間でできるのです。これはちょうど、フランス語で主語が1人称、2人称、3

活用形を使いこなして会話を楽しむ授業（左端は筆者）。

人称の会話が数週間でできるのと同じです。

　さらに、従来のように「ます形」だけを教えて後から「ない形」、「辞書形」などを教えるとき、いちいち Group- 1 の動詞と Group- 2 の動詞の両方を教えなければならず、大変な労力です。フランス語でいえば 1 人称だけを教えて、後から 2 人称などを教えるとき、いちいち -er 型、-ir 型その他の動詞の 2 人称を全てその 1 人称から作る方法を教えるようなものです。私の過去の経験からしても、学習者はそうやって「ない形」などを学んだとしても、逆に「ない形」から「ます形」を作るのは困難であるし、まして「ない形」から「ます形」を経由せずに「辞書形」を作ることなどとてもできません。このようなまどろっこしい教え方は日本語学習を複雑で難解なものにしています。

　日本語本来の動詞の仕組みを教えることはとてもシンプルです。そしてシンプルでしっかりした基礎の上に様々な言い回しを築き上げていく楽しさ、喜びを学習者とともに味わっていきませんか。

楽しく教えてナンバーワンの学校に

　私はこうして、動詞の活用を教える苦労、学ぶ苦労を楽しさに変えることができたのです。シンガポールでは、以前に他の学校で学んだことのある人たちが私の学校に入り、このシステムはすごい、最初からこのように学びたかったなどと嬉しいコメントをくれました。学校の評判は口コミで広がり、7割以上の生徒が紹介によるものでした。余談になりますが、この教授法で教え始めてから3年ぐらいで私の学校はシンガポールで一、二を争う日本語学校になりました。その後、出願していた特許が1993年に登録され、瞬く間に学校はシンガポールでナンバーワンになりました。そして2003年に帰国のため学校を手放すまでその座は譲りませんでした。

初めての授業

　このようにお話ししても、みなさんは今までの教え方を変えるのはそれこそハードルが高い、勇気がないと感じると思います。なぜなら私自身、この方法を最初に試すとき、ものすごい勇気と覚悟が要ったからです。それは昨日のことのようによく覚えています。

　この方法による初めての授業で、50音を一通り練習したあと「動詞付き50音表」（巻末資料1参照）に組み込まれているグループ1の動詞の活用を繰り返し練習しました。「動詞付き50音表」の3段目に書かれている「辞書形」のところに動詞の意味を書か

せました。例えば、「かきくけこ」なら、「きかない・ききます・きく・きけば・きこう・きいて」と書かれており、3段目の「きく」のところに意味を英語で与え書かせました。こうして学習者は、「きく」という動詞は会話の中でこのように形を変えて使われるのだということがわかります。

　50音とそこに書かれているグループ1の動詞の活用を繰り返し練習した後は、第1課で会話の練習をします。第1課では「いく」と「くる」が導入されており、「動詞付き50音表」に書かれている6つの活用形を「いく」と「くる」にもあてはめ、覚えさせます。

　会話練習は、6つのうち「ない形」、「ます形」、「辞書形」の3つを使って行います。

　授業が終わるころには、
　　「どこへ　いくんですか。」「……へ　いくんです。」
　　「……へ　いきますか。」「……へは　いかないんです。」
などと3つの活用形を使った会話が楽しくできるようになりました。

　学習者には、動詞の組み込まれた50音表のテープ（当時はCDが普及していませんでした）を毎日何度も聞いて覚えてしまうように言いました。

　帰るときエレベーターで一緒になった生徒が私に「えびはらせんせい、どこへ　いくんですか。」と聞いたので、「うちへ　かえるんです。」と答えました。そして「動詞付き50音表」を見せて「かえる」の意味をもう一度言ってあげました。

　これが『ニュー・システムによる日本語』を使った私の最初の授業でした。

思った通りでした。私がフランス語の動詞の活用を習ったとき、なんの抵抗もなく覚えようとしたように、そのとき私の生徒たちは日本語の動詞の活用を抵抗なく受け入れ、覚えようとしていました。しかも、始めから学習者は「ます」と「んです」の両方が使えるようになります。それは例えて言えばフランス語で、主語が単数と複数の両方が使えるようなものです。また、「……んです」の「んです」をとれば普通体になるので、フランス語で２人称の親称と敬称の両方が使えるのと同じです。要するに、フランス語などの学習で最初に学ぶようなことを日本語でも学習したわけです。なお、会話を練習してから「動詞付き50音」を教えてもよく、こうしたことは各先生がベストと思われる方法で教案を作成すれば良いと思います。

シンプルな教え方で生徒が大きく進歩

　２回目の授業では、６つの活用形の残りの３つ「ば形」、「よう形」、「て形」を使って会話練習しました。扱う動詞は「いく」と「くる」です。１つの活用形に１つの公式（文型）を与え、「……　いけば　いいですか」、「……　いこうと　おもいます」、「……　いってください」などと会話練習します。

　学習者は２回の学習で、６つの活用形とそれぞれの使い方をだいたい把握したわけです。その後は動詞を増やしながら同じ使い方（公式）をいろいろな語彙で何度も練習します。うまくいくだろうと自信はありましたが、実際に一つのクラスでやってみて完全に確信をもちました。

　このように原理に沿って教えると、動詞の学習がとてもシンプ

ルになります。それまで、「ます形」を定着させてから、初めて他の形、例えば「ない形」を導入するときの煩雑さから解放されました。始めから日本語の動詞の原理、全体像（正確には全体ではありませんが）を示し、頭に刷り込んであげることがどれほど大事なことか、また学習者に有利であるか改めて確信しました。もう二度と元の教え方には戻れません。

なぜ特許が取得できたのか

　なお、この「原理に沿っているかどうか」ということが特許の要件にかかわってくるのですが、特許法の中で「発明」と「発明について特許を受けることができる」について次のように記載されています。すなわち、特許法第2条第1項「発明とは自然法則を利用した技術的思想の創作のうち高度のものをいう」。つまり、『ニュー・システムによる日本語』の動詞活用教授法が自然法則を利用したものであることが正式に認められたわけです。
　さらに、特許公報で、「……きわめて容易にかつ短期間で応用力のある日本語を習得できるものであり、本発明の効果は大である。」との記載があります。巻末の「動詞付き50音表」と「動詞はやわかり表」により、動詞活用の習得が格段に容易になっただけでなく、未知の動詞に出会ったとき、自動的にその動詞を使いこなすことができるという効果が認められたわけです。
　「自然法則を利用したもの」についてですが、日本語の音が50音という法則をもっていて、この教授法がそれを利用したものであるということです。日本語の各音は子音と母音の組み合わせで、それらが子音ごとに母音「あいうえお」と同じ順序で整然と並ん

でいるのが50音です。日本語のグループ1動詞は、「か行」、「さ行」、「た行」、「な行」、「ま行」、「ら行」、「わ行」、「が行」、「ば行」のいずれかのライン上で活用するので、活用形を「あいうえお」の順序で記載して教えれば、すなわち「ない形」を「あ」の段、「ます形」を「い」の段、「辞書形」を「う」の段、「ば形」を「え」の段、「よう形」を「お」の段というように並べれば、50音と同時に5つの活用形が練習でき、混乱なく頭に刷り込まれるのです。そのために作られたのが、「動詞付き50音表」です。実際に動詞学習の初日にこの「動詞付き50音表」を反復練習すると、翌週にはすらすらと読めるようになり、2～3週間もすると見ないでも言えるようになります。

　さらに、「動詞はやわかり表」にはグループ1動詞の「て形」5種類とその法則が記載されていますから、どんなグループ1動詞に出会っても活用ラインさえわかれば、簡単に「て形・た形」が作れます。「動詞はやわかり表」には全種類の動詞（「グループ1動詞」、「グループ2動詞」、「くる」、「する」）の、「て形」を含めた6つの活用形が一目でわかるようになっていますから、未知のグループ2動詞に出会ったときにも参照できます。

　全種類の動詞の6つの活用形がわずか数週間で身につく方法は、それまで考えられなかった全く新しいものです。しかも何度も聞けるよう音声教材も提供していますので、大した努力は要しません。

　発明以来30年近くも経っていますが、いまだこの教授法をしのぐものは見当たりません。

スキル習得は法則・原理を体や脳に覚えさせることから

　外語学習得はスキルの習得ですから、原理を頭に覚えさせて脳に回路を作ることが後の進歩、上達を左右します。車の運転やスポーツの習得などと同じです。よく can-do シラバスを推進する人々から「ストーリー性のないドリルはつまらない」との声が聞かれますが、ドリルをしないで会話をいきなりやることは、テニスを習得するとき基本練習をしないでいきなり広いコートで相手と打ち合いをするようなものです。これではラリーができるようになるまで長い長い時間がかかってしまい、ボールを打つより球拾いの時間のほうがはるかに多くなります。会話がはやくできるようになるためには、ドリルで脳に回路を作ることが鍵です。そしてドリルがつまらなくならないよう、楽しいやり方を工夫する必要があります。

5　脳科学と日本語学習

海馬の働きを利用しよう

　最近は脳科学が発達して記憶のメカニズムの研究が進み、海馬の働きなどが広く知られるようになってきました。よく知られることとしては、記憶の鍵を握る海馬は、未知のものに出会ったときや興味のあるものに対して活発に働くということです。ですから、何かを学習するときも最初に学んだことほど、印象深くよく覚えられるのです。また、マンネリ化したことや興味を失ったことにはあまり働きません。私の場合、ドイツ語やフランス語を学習したのはだいぶ前のことで永年使っていませんが、入門段階で教わった冠詞の変化や動詞の語尾変化は、今でもちょっとしたきっかけがあればすぐに思い出せて使えます。冠詞の変化や動詞の語尾変化はかなり複雑なものですが、ドイツ語やフランス語とい

う未知のものに出会って海馬がよく働いていたのだと思います。また興味もありましたから、覚えるのが容易だったのです。日本語学習もこれを利用しない手はありません。複雑に思える動詞の活用は入門段階で教えるべきです。海馬が非常によく働いているときに動詞の活用を教えれば楽に覚えられます。

　ドイツ語やフランス語学習において始めに冠詞の変化と動詞の語尾変化の全体を教わったと言いましたが、現在でもこうした学習順序は変わっていません。これは文法積み上げ方式かcan-doシラバスかは関係ありません。最近主流になっているcan-doシラバスで場面会話を学習するときも、1人称だけでなくさまざまな人称の主語が扱われ、動詞の活用が説明されています。日本語もそのようにするべきです。まず用言の活用などの重要事項を教えて土台作りをするべきです。入門段階の会話で動詞の活用を扱えば、その後の学習がいかに楽になるか、また進歩のスピードがいかに速くなるか、一度経験すればすぐにわかります。

「ます形」だけを教えるマイナス

　ところが、従来の日本語初級の教え方は、動詞では「ます形」しか教えず、その後「ます形」の「ます」を取ったものに「ましょう」、「たい」、「に」などを付けて、「（行き）ましょう」、「（食べ）たいです」、「（見）に行きます」などを導入します。「ます形」から作られるものばかりを細かく深く学習するので、学習者は「ます形」が動詞の全てまたは基本と考えます。

　脳科学の観点、すなわち、初めてのものに出会ったときや興味のあることに対して海馬がよく働き記憶がしやすいということか

ら、このころまでに学習したこと、つまり「ます形」及び「ます形」から作られる文型は脳にしっかり定着します。しっかり定着するということは脳科学でいえば脳に新しい回路ができるということで、必要なときにすぐに使えて、永年使っていなくてもすぐに思い出すということです。車の運転やスポーツのスキルなどと同じです。

　しかしながら「ます形」をまず定着させ、そのあとに別の形、例えば「ない形」などを一つずつ長期間にわたり導入するやり方は、学習者に大きな負担を強います。あとから学ぶ他の活用形は覚えにくいし定着しにくいのです。なかなか回路ができませんから、頭では理解してもすぐに口から出てきません。

　ひらがなの習得を考えてみましょう。多くの学校ではできるだけ早いうちにひらがなを覚えさせていると思いますが、もし始めの数か月便利で簡単だからとローマ字ばかりを使い、後になって少しずつひらがなを導入していたら、学習者は覚えるのが大変です。ですから、初期の段階でひらがなを覚えさせてしまうというのは大変理にかなったやり方です。動詞の活用も同じです。始めは簡単だからと「ます形」だけを教えて数か月間そればかりを使い、あとから少しずつほかの活用形を覚えさせるのは学習者にとって大変なマイナスで、極めて非効率的なやり方です。

動詞活用を一括導入して日本語脳を作る

　日本語の動詞を学習するとき、「ます形」だけでなくいくつかの主要な活用形を同時に学ぶということは、活用形全体を一つの回路として築くわけです。何度も言うように、ドイツ語やフラン

ス語の教授法はそのようにできています。外国語を習得するということは脳の中にその言語の回路ができるということです。回路ができればいちいち考えずに自然に口から出てきます。車の運転と同じです。おしゃべりをしていても手足は自然に動いてくれます。その回路を作る際、最も効率的に作るには、まずもっとも基本的で応用範囲が広いものを構築するのがベストです。家の建築でいえばまず土台を作ることです。それができていればその上に作るのは容易ですが、土台の一隅だけ作り、その上にだけ積み上げても、効率よく建てられません。もうお分かりだと思いますが、「ます形」だけを教えるのはまさにそのような非効率的なことなのです。

　日本語の文には述語が欠かせません。その述語の大部分を占める動詞の活用をまず土台として作り上げるのが最も効率的なのです。しかも日本語の動詞には、50音と連動した完璧なシステムがあるのですから、これを利用してシステムごと学習者の頭に刷り込んであげるべきです。「まず動詞の活用形を一括して教える」。これが理想的な順序で、脳に日本語の回路を作る最短距離なのです。

学習のスピードアップ

　約30年前、私は海馬のことなどよく知りませんでしたが、最初に教わったことは何でも覚えるということを経験から知っていましたので、日本語の授業でまず最初に動詞の活用を教えました。「ない形」、「ます形」、「辞書形」、「ば形」、「よう形」、「て形」の6つです。この順序で「行く」を「いかない・いきます・いく・

いけば・いこう・いって」というように、50音表と一緒に練習して覚えさせました。案の定、学習者は翌週の授業までに覚えていました。他のグループ1の動詞も同じ方法で活用形を覚えさせました。このシステムがあまりにも簡単なので、シンガポールでは30年間用いられていますが、他の国や教育機関にも広めるため、最近は日本語教師向けにセミナー活動をしています。すると非母語話者の教師は瞬時にその効率の良さに気付き、授業に採り入れますが、日本人教師は日本語を学ぶ苦労をしたことがないせいか反応は様々です。また中国のように、日本語能力試験のN5、N4、N3あたりを受験しない国では、このやり方と教科書『ニュー・システムによる日本語』を即座に採用してくれます。というのは、教科書『ニュー・システムによる日本語』は、日本語能力試験N5、N4の各レベルの内容に沿っていないのですが、受験しない場合は関係ないので、N2に最短距離で行ける方法がいいわけです。『ニュー・システムによる日本語』では、基本的な重要事項をまず教え、応用して簡単にできる項目は後から教えているため、従来の教科書とは教える順番が著しく異なり、学習の相当なスピードアップが図れるのです。

　脳科学の観点からみても、動詞の活用を最初に一括導入するのは、もっとも効果的な教え方です。

6　『ニュー・システムによる日本語』の広がりとJLPT

『ニュー・システムによる日本語』の賛同者は確実に増えている

　1986年教授法開発当時、シンガポールではすぐに受け入れられ、私の学校の生徒たちがたくさんの友達を紹介してくれました。学校の生徒は7割以上が紹介によるものとなりました。またほかの学校や教育機関でも『ニュー・システムによる日本語』の全部または一部がコピーされてレッスンで使われていました。こうしてシンガポールでは多くの実績を作り上げました。もうだいぶ前のことですが、初版の教科書『ニュー・システムによる日本語』を読んで下さったある国文学の専門家が、亡くなる前に手紙で「……日本語のシステムに新しい道を開いたということはとても素晴らしいことです。それも日本語のもつシステムに光を当てて、改め

て現代の人に認識を改めさせるということは画期的な大事業です。頭の古い人たちがどこまでそれを認めるかはわかりませんが、いずれ古い人たちは消えて、若く新しい人たちの世の中になるわけですから、それを楽しみに頑張って下さい」と書いて下さいました。

　しかしながら私は、長い間他国に広める努力を怠ってきました。引退後10年近くも経った2012年、やっとインターネット上にサイトを設け、無料（2016年4月から有料）でダウンロードできるようにしました。こうして世界中の人が簡単に入手できるようになった今、確実に賛同者は増えています。

中国の日本語教学研究会フォーラムでの反響

　2014年には中国で、日本の日本語教育学会にあたる中国日本語教学研究会山東分会主催のフォーラムが行われ、そこでの学術講義としてこの教授法を発表しました。この講義には山東省内外の20を超える大学から日本語教育関係者が参加しました。フォーラム主催者による記事が国際交流基金のホームページにも掲載されましたので、一部を紹介します。

「……この教授法は対応性が強く、現実的で、今までの半分の労力で倍の効果が得られます。……講座の内容は詳細かつ的確であり、挙げた事例も操作性が高く、出席者からは大きな収穫があったという声が次々と聞かれました」。少しわかりにくい部分もあるかもしれませんが、日本語を学んだ上で長年日本語教育に携わっている経験から発せられた「現実的で、今までの半分の労力で倍の効果が得られます」という言葉は、十分に重さが伝わってきます。

中国でも日本語学習ブーム――日本語学習の本を見る女性（中国・大連、2009年6月撮影。写真提供：時事通信社）。

　海外における日本語教育のリーダー格ともいえる中国で『ニュー・システムによる日本語』の評価が高まり、中国全土に広がりを見せ始めたことは嬉しい限りで、ようやく行く手に確かな明かりが見えたと思います。

日本語能力試験N5が無視できるか

　しかしこの教授法が広く受け入れられ、使われるには大きな壁があります。それはJLPTのN5です。N5に早く合格するには従来の教科書で学ぶほかありません。『ニュー・システムによる日本語』で学べば、N4やN3に何倍もの速さと半分の労力で合格できますが、その過程でN5に要求される学習項目を適宜学ぶので、N5単独の合格は一切視野に入っていません。要するにN5合格

という回り道をするか、早くN4以上の高いレベルに到達したいかが問われるわけです。そんな背景もあり、N5やN4を受験しない中国では多くの大学や学校に『ニュー・システムによる日本語』が広まっているのです。また、N5合格という回り道がやめられない場合でも、『ニュー・システムによる日本語』は副教材として広く使われるようになりました。

　なお、中国でなぜN3までを受験しないかを尋ねたことがありますが、返ってくる答えはいつも「価値がない」でした。中国人は漢字をすでに知っているせいか、大学2年生までにN2またはN1に合格するのが「常識」なのです。とはいえ、大学以外の教育機関ではN3などを受験する人もいます。ちなみに国際交流基金のデータによると、2014年（7月と12月の合計）は、中国のJLPT受験者数187,841人の中で、N3が19,878人（約10.6％）、N4が7,380人（約3.9％）、N5が2,551人（約1.4％）となっています。

7 『ニュー・システムによる日本語』が適している学習者とは

　日本語の学習目的や学習者のバックグランドにより、日本語の学習のし方はいくつかあると思いますが、『ニュー・システムによる日本語』はどのような学習者に有益なのでしょうか。ここで、『ニュー・システムによる日本語』が適する人と、適さない人のガイドラインを示してみましょう。

	適する人	適さない人
JLPT	・N4 以上に早く到達したい人	・とにかく N5 に合格したい人
学習スタイル	・会話も理屈も学びたい人	・暗記による学習を好む人
目的	・アニメや日本人の会話を聞き取りたい人 ・日本に長期滞在する希望や計画がある人	・サバイバルの会話を覚えたい人

左欄の各項目について説明します。

《JLPT》
『ニュー・システムによる日本語』はJLPTのレベルに沿っていません。日本語の基礎が最も早く身に着くように構成されていますから、N5、N4などを受験しない中国ではよく使われています。

《学習スタイル》
　これは「16　理系学習者に好かれる教科書、嫌われる教科書」（本書77頁）にも述べるように、最初から体系的理論を示してある『ニュー・システムによる日本語』は理系の人や分析型の人には最適です。

《目的》
　学校や大学などで使われている教科書は、書き言葉で会話が作られている（「11　文法か会話か」本書59頁）ので、何か月勉強してもアニメや日本人の会話は聞き取れません。
　市販の教科書の中には文法が入っているものもたくさんありますし、ほとんど入っていないものもあります。数日の旅行のためサバイバル日本語を学びたい人はそのような目的で作られたもので学習しても良いと思います。
　日本で生活する場合は、日本人の話すような話し方を学ぶ必要がありますから、従来の教科書では大変な時間がかかります。

8 ヨーロッパ言語学習法との比較

1980年代に使っていた教科書

　私が80年代に最初の1年間使っていた初級用教科書は次のような構成になっていました（Ｎ１、Ｎ２などは名詞、Ａは形容詞）。

1. Ｎ１はＮ２です。
2. Ｎ１はＮ２じゃありません。
3. Ｎ１のＮ２。
4. こそあど。
5. ＮはＡです。
6. ＮはＡくないです。
7. ＮはＡじゃないです。
8. Ｎ１にＮ２があります／います。

驚いたことに現在の教科書もこのような入門段階の内容はほとんど変わっていません。述語に関わる重要事項はたったこれだけです。
　一方、ヨーロッパ言語の入門段階は充実しています。フランス語の場合、教科書により順序に多少の違いはありますが、入門段階は、

　　être 動詞（英語の be 動詞）の 6 つの活用形（1 人称、2 人称、3 人称それぞれの単数形と複数形）つまり、
　　　je suis, tu es, il/elle/on est, nous sommes, vous êtes, ils/elles sont
　　　être 動詞の否定文
　　　形容詞と形容詞文
　　　-er 型動詞の 6 つの活用形
　　　-ir 型動詞の 6 つの活用形
　　　avoir（英語の have）の 6 つの活用形

などとなっており、動詞を導入するとき必ず活用形を教えています。学習者は最初から、フランス語とはそういうものだとわかるのです。ドイツ語なども同じです。最初に 1 人称単数だけを徹底的に、あらゆる型の動詞で学習するというようなことは聞いたことがありませんし、そのような教科書は見たこともありません。
　先に触れたように、英語でも be 動詞の人称による変化は始めから学習しますし、動詞が導入されると否定文では do や does を使うこと、疑問文ではさらにそれが倒置されることなど、面倒と思われることを入門段階で教えます。こういった基本的な活用形や法則は CEFR（Common European Framework of Reference for Languages　ヨーロッパ言語共通参照枠）の A1（もっとも低いレ

ベル）に基づいた教科書に入っています。

基礎の重要項目が欠落している日本語教育

　こうした簡単な比較からも明らかなように、日本語教育では基礎の重要項目が欠落しています。動詞を導入するとき「ます形」しか教えず、他の活用形があることには一切触れません。そこで学習者は動詞イコール「ます形」だと思い込んでしまいます。「ます形」が完全に定着してから「ない形」さらに「て形」などと一つずつ導入するのですが、そのときやっとグループ１動詞、グループ２動詞、「くる」、「する」という種類を教え、「ます形」を基本にし、そこから作る方法を種類ごとに分けて教えています。フランス語に例えていうなら、動詞イコール１人称単数形のように思わせて、何週間も経ってから２人称単数形を導入し、そのときer型動詞、ir型動詞、avoirなどの不規則動詞に分けて１人称単数形から作る方法を教えるようなものです。そしてしばらくしてから３人称単数形を同様に１人称単数形から作る方法を教えるといった具合です。考えただけでも煩雑で逃げ出したくなります。
　ですから日本語学習者が動詞の活用に出会ったとき逃げ出したくなる気持ちはよくわかります。フランス語などのように動詞の活用を最初から一度に教えればこうした苦労や問題は解消します。そもそも入門レベルで動詞の活用を教えない言語教育などというものが他の国にあるでしょうか。
　これをさらに詳しく見ていきます。

9 こんなに教えているCEFRに沿った英語のテキスト

NHK『テレビで基礎英語』に見る学習順序

　英語、ドイツ語、フランス語などヨーロッパ言語学習では、最初の4週間に難しく思えることを学習します。英語についてみてみましょう。

　最近の英語のテキストはCEFRのレベルに沿って作られており、テキストの表紙などにA1、A2などと記載されています。NHKの『テレビで基礎英語』という番組もCEFRのレベルに沿って作られており、毎月のテキストにA1、A2などと表示されています。順を追って内容をみていくと、最初の4週間でかなり高度なことを習います。

　NHK『テレビで基礎英語』に見る学習順序――その1（1か月目）

1か月目（第1週〜第4週）：レベルA1　「自分を語る」be動詞、疑問詞（How、Who、Where）

《第1週のポイント》

I am an alien.

You are an alien.

Are you OK?

I am not an alien.

上記の文例からわかるように、be動詞の1人称と2人称が導入されています。さらに疑問文の作り方として、be動詞を倒置して先頭に置かなければならないこと、否定文にはnotを追加することを学習します。

《第2週のポイント》

This is Doc's lab.

He is an inventor.

このようにbe動詞の3人称を学び、その疑問文や否定文の作り方を学習します。

《第3週のポイント》

How is your throat?

How old are you?

How tall are you?

When is your birthday?

《第4週のポイント》

Who are you?

Where are you from?

What's your favorite vehicle?

第3週、第4週では、疑問詞のある疑問文の場合、倒置をした

うえで疑問詞を先頭に置かなければならないことを学びます。

　以上みてきたように最初の1か月目に相当複雑なことを教えているわけです。疑問文でbe動詞を先頭に置いたり、疑問詞を先頭に置いたりすることなど、何度も繰り返し練習しなければできないことを始めから教えています。しかし、これらのことは英語の基本であり、後に学ぶ文に共通していることです。ですから最初に頭に刷り込ませてしまえば良いわけです。すると脳に語順についての回路ができて後が楽になります。

　では、2か月目を見てみましょう。

　NHK『テレビで基礎英語』に見る学習順序——その2（2か月目）
　2か月目（第5週〜第8週）：レベルA1「生活について話す」
一般動詞現在形、助動詞（can）
《第5週のポイント》

　　　I play tennis.

　　　Do you play tennis?

　　　Yes, I do./No, I don't.

　このように一般動詞の場合は、疑問文や否定文にdoを追加しなければならないこと、さらに疑問文の場合は倒置してdoを先頭に置かなければならないことを学習しますが、1か月目の第1週で、倒置を学んでいるので、理解しやすいでしょう。
《第6週のポイント》

　　　What time is it now?

　　　What time do you go to sleep?

　疑問詞を先頭に置くことは第3週、第4週で学んでいますから簡単に理解できるでしょう。

《第7週のポイント》

She plays tennis.

Does he play tennis?

When does she dance?

3人称には動詞にsを付けることや、doの代わりにdoesを用い、doesを用いることにより、sが落ちることを学びます。何度も練習しなければ身につかない高度なルールです。

《第8週のポイント》

Can you play the piano?

When can you come?

助動詞canが導入されますが、人称による変化がなく、疑問文や否定文もdoと同じ法則で使われますから、容易に習得できます。

以上、第8週までを見てみると、4週目まではかなり面倒なことを学ぶので、難しそうです。また、5週目や7週目も鍵となり、これをクリアすれば一番重要な基礎としての英語の土台ができたと考えられます。通常文と疑問文の語順が違うことや、人称による動詞、助動詞の変化はややこしいですが、どの教科書を見ても入門段階にでてきます。疑問文や3人称が入門段階に入っていないテキストは見たことがありません。

さらに3か月目を見てみましょう。

NHK『テレビで基礎英語』に見る学習順序——その3（3か月目）

3か月目（第9週〜第12週）：レベルA1　「位置関係を表す」

《第9週のポイント》

Your pen is in the box.

Where is my pen?

Where do you study?

これらは第3週と第6週で学習したことの応用ですから特に問題ないでしょう。

《第10週のポイント》

There is a pen in the box.

There are some pens in the box.

Are there any pens in the box?

We have a big contest today.

この there is/are は特殊な言い方で、まったく新しい文型の導入と言って良いでしょう。

ここまでに学習したような肯定文、否定文、疑問文、疑問詞の使い方を覚えてしまうと、この先どのような助動詞を学んでも応用できます。

応用のきく重要事項を最初に学ぶ

英語では最も基本的で応用のきく重要事項を最初に学ぶわけです。英語だけでなくフランス語やドイツ語も基本的で重要なことは入門段階で学習します。そしてそれらは CEFR では A1 に分類されています。日本語もそうするべきです。そうすると、後の学習が容易になります。

日本語において基本的で重要なことは動詞の活用です。英語なら can、if、should などを付加して表現するようなことを、日本語では動詞そのものを変化させて表現します。ヨーロッパの言語で動詞が人称によって語尾変化することを最初に学ぶように、日

本語も意味によって動詞が活用することを最初に学ぶべきです。しかし、現実にはどのような構成になっているか次節で詳しくみてみます。

10 これしか教えていないJFスタンダードに基づく代表的な教科書

『まるごと』の各課の内容

　JFスタンダードに基づく代表的な教科書『まるごと』（国際交流基金、2013年）はどんな教科書なのでしょうか。
　主に述語に注目して、各課で導入される種類や形を見てみます。
　◎ A1
　だい1か：（ひらがな学習）
　だい2か：（カタカナ学習）
　だい3か：〜は〜です
　　　　　　〜ができます
　だい4か：〜にすんでいます（て形は導入しない）
　だい5か：すきです、すきじゃないです
　　　　　　〜ます

だい6か：い形容詞
だい7か：あります、います
だい8か：〜は［場所］です（述語の文法的新項目なし）
だい9か：〜ます（述語の文法的新項目なし）
だい10か：〜は［時間］です（述語の文法的新項目なし）
だい11か：すきです、できます（述語の文法的新項目なし）
だい12か：（ます形）にいきます
　　　　　（ます形）ませんか
　　　　　（ます形）ましょう
だい13か：〜ます（述語の文法的新項目なし）
だい14か：あります、います（述語の文法的新項目なし）
だい15か：〜がほしいです
　　　　　あげます、もらいます
　　　　　〜ました
だい16か：〜をください
だい17か：（い形容詞）かったです
　　　　　（な形容詞）でした
　　　　　〜ませんでした
だい18か：（ます形）たいです

◎ A2
だい1か：はたらいています（て形は導入しない）
だい2か：（辞書形）こと
だい3か：〜になります、〜くなります
だい4か：〜は〜でした
だい5か：（い形容詞）くて

　　　　　（な形容詞・名詞）で・だ
だい 6 か：（て形）ください
だい 7 か：(名詞) でもいいですか
だい 8 か：〜ました（述語の文法的新項目なし）
だい 9 か：（辞書形）の
　　　　　（ます形）かた
だい 10 か：（て形）みます
　　　　　 （ます形）ましょうか
だい 11 か：（て形）いきます・きます
だい 12 か：（形容詞）そうです
　　　　　 （い形容詞）くなくて
　　　　　 （な形容詞）じゃなくて
だい 13 か：（た形）ことがあります
だい 14 か：（て形）もいいですか
だい 15 か：（辞書形）まえに
　　　　　 （辞書形）といいです
　　　　　 （ない形）でください
だい 16 か：〜たり〜たりします
　　　　　 （辞書形・ない形）ひと

　このように見てみると、この教科書の JF スタンダード A1 で導入される述語に関する文法項目は、英語 CEFR の A1 で導入されるものに比べると、その足元にも及ばないことが分かります。英語 CEFR の A1 では、「9　こんなに教えている CEFR に沿った英語のテキスト」（本書 47 頁）で見たように、NHK『テレビで基礎英語』の場合最初の 16 週（16 回）で人称による変化の全て（現

在形）を導入します。

　一方、この日本語の教科書では動詞は18課まで（かな学習である最初の1課と2課を数えないとしたら16課分、1課を1回として16回）で「ます形」と「ます形」から作れる文型しか導入されていません。「ます形」で現在も過去も、そして肯定文も否定文も疑問文も表現できるので、学習者も教師もCEFR英語のA1と同じようなレベルを学習したと錯覚します。でもこれでは、日本人による普通の話し言葉は理解できません。

『みんなの日本語』の各課の内容

　もう一つ世界中で広く使われている教科書『みんなの日本語』（スリーエーネットワーク、1998年）も述語に注目して見てみましょう。
　これは特に上記のようなA1などという標記はありません。
　　だい1か：〜は〜です、じゃありません
　　だい2か：〜は〜です、じゃありません（述語の文法的新項目なし）
　　だい3か：〜は［場所・値段］です（述語の文法的新項目なし）
　　だい4か：〜ます・ません・ました・ませんでした
　　だい5か：〜ます・ません・ました・ませんでした（述語の文法的新項目なし）
　　だい6か：（ます形）ませんか
　　　　　　（ます形）ましょう
　　だい7か：あげます、もらいます
　　だい8か：（い形容詞）です・くないです

　　　　　　　（な形容詞）です・じゃありません
だい9か：あります
だい10か：あります、います
だい11か：（述語の文法的新項目なし）
だい12か：でした、じゃありませんでした
　　　　　（い形容詞）かったです・くなかったです
だい13か：〜がほしいです
　　　　　（ます形）たいです
　　　　　（ます形）にいきます
だい14か：（て形）ください
　　　　　（て形）います（進行）
　　　　　（ます形）ましょうか
　　　　　（ます形）かた
だい15か：（て形）もいいです
　　　　　（て形）はいけません
　　　　　（て形）います（状態・仕事）
だい16か：（て形）から
だい17か：（ない形）でください
　　　　　（ない形）なければなりません
　　　　　（ない形）なくてもいいです
だい18か：（辞書形）ことができます
（中略）
だい26か：（普通形）んです

　この教科書も最初の16回（1課を1回として）で、動詞は「ます形」と「て形」しか導入されていません。17回以降、「ない形」、

「辞書形」、「た形」と立て続けに学習します。

　やはりよく使われている教科書『げんき』（ジャパンタイムス、初版 1999 年、第 2 版 2011 年）は、第 6 課（内容的に各課が他の教科書のおよそ 2 課分なので 12 回目）で「て形」、第 8 課 (16 回目) で「ない形」、「辞書形」が導入されています。

　私の知る限り 1960 年代以降の他の教科書はいずれも似たりよったりで、始めに動詞の種類と活用形を教えている教科書はありません。もっとも海外では普通体を始めの方に導入している教科書も使われていますが、残念なことに本当に少数派です。また、国語の五段活用のシステムには沿っていないので、他の活用形の習得は自然にはできません。

11 文法か会話か

文法なしにはありえない

　学会などに行くとよく文法を教えるか否かという議論を耳にします。私にはこの議論の意味がまったく分かりません。
　まったく会話を教えないという教育方針、すなわち読み書き文法のみというならそれはそれで成り立ちますが、会話を教える場合、文法なしで教えるというのは完全な丸暗記しか方法がありません。旅行に役立つ会話などといったタイトルでサバイバルの外国語のハンドブックがありますが、大学の授業でそのようなものを使って丸暗記をするなど考えられるでしょうか。ただでさえ、文法を少なくして授業をすると不満を漏らす留学生にそのような授業をしたらたいへんです。外国語を大学で、特に留学までして勉強しようという人たちは、本当にその言語に興味を持っている

のです。サバイバル目的で単語だけ並べてコミュニケーションをしようというケースとは根本的に異なります。

　単語を並べるだけでコミュニケーションするような場合は別にして、会話というのは文法なしにはできません。否定形や否定文の作り方を知らなければ会話になりません。語順も言語によって異なりますから、そうした法則は必ず学ぶべきです。また、会話を教える際は話し言葉を教えるべきです。当たり前のようですが、従来の教科書は書き言葉で会話を教えています。ですからアニメや日本人の会話は聞きとれないということはすでに述べた通りです。書き言葉と話し言葉の違いは、例を挙げれば下記のようになります。

	書き言葉	話し言葉
肯定文・否定文の文末	通常は「です・ます」 説明したい・説明してほしいときのみ「のです」	「んです」を多用
接続詞（逆説）	〜。しかし〜	〜。でも〜
接続助詞（逆説）	〜が、〜	〜けど、〜

話し言葉と書き言葉

　従来の教科書は会話が書き言葉になっていると言いましたが、ピンとこない方のために例をあげておきます。
　《書き言葉で学ぶ会話》（前掲『まるごと』A1、A2より）
　　A1　「どこに　すんでいますか。」
　　　　「ここから　くうこうまで　どうやって　いきますか。」
　　　　「とうきょうで　なにを　しましたか。」

　　　　など
　A2　「わたしは　ホテルで　はたらいています。」
　　　「このあたりには　いろいろな　みせが　あります。」
　　　「だいがくのとき　にほんごを　べんきょうしました。」
　　　「わたしは　しゅうに　1かい　にほんごを　べんきょうしています。」
　　　「たなかさんに　あったことが　あります。」
　　　「すみません　いま　こわれています。」
　　　　など

　もっとも、永年日本語を教えていると、会話の中でこのように話してもおかしいと感じなくなっているかもしれません。

　書き言葉で会話を学ぶとアニメや日本人の会話が聞き取れないだけでなく、本人も上記のような非常に不自然な日本語を話すようになるのは当然です。最近は減ってきましたが、外国人が会話の中で「しかし」を多用しているのは本当に気になります。こうしたことは教師と教科書が原因です。少し極端なたとえかもしれませんが、英語で話すとき「but」と言うところを常に「however」と言ったとしたら、とてもおかしく聞こえると思います。自分たちが話すときはどう言っているかということを意識すれば、適切な表現が教えられます。

　次節「12　海外で日本語を学ぶ場合」（次頁）でも述べますが、話し言葉を教える理由は、日本人の会話やアニメが理解できるようになるためです。私は、学習者自身が話す際は多少不自然であっても書き言葉で話して構わないと思っています。話し言葉に接して慣れてくると、次第に話し言葉で話ができるようになります。

12 海外で日本語を学ぶ場合

アニメがわかる日本語教育

　海外で日本語を学ぶ場合は、日本語を使う機会は皆無と言って良いほどありません。ちょうど私たち日本人が日本で英語を学習するのと似ています。そうした環境で英語を上達したければ、英語の映画や歌に親しむとよいし、また英語の歌が好きだと英語がわかるようになると言えるでしょう。

　日本語学習も同じで、海外ではみな日本のアニメが好きで、アニメを見ながら日本語を上達させるという話をよく聞きます。アニメは日本人が日常話すような話し方で作られています。丁寧な言い方もカジュアルな言い方もあります。ですから、日本語を学ぶとき、最初から話し言葉を学習すればそれだけ早くアニメがわかるようになります。

「です・ます」と「んです」を同時に教える

　次のような、日本人が話す普通の会話を見てみましょう。
　　ロスに行ったんです。
　　へえ、いつ行ったんですか。
　　先週です。
　　仕事で行ったんですか。
　　うん、でも観光もしたんです。
　　ハリウッドには行きました？
　　行かなかったんです。
　ところが、従来の教科書では書き言葉で会話が作られていますから、上記の会話は、
　　ロスに行きました。
　　へえ、いつ行きましたか。
　　先週です。
　　仕事で行きましたか。
　　はい、でも観光もしました。
　　ハリウッドには行きましたか。
　　いいえ、行きませんでした。
のようになります。
　こんな不自然な話し方をする日本人はいません。日本人は会話で「んです」を多用します。書き言葉の「のです」とは感覚が違います。「のです」は理由を言いたい、何かを説明したいときなどに使いますが、話し言葉ではもっと広く「んです」を使います。というより、使わないほうが少ないと言ってもいいかもしれませ

ん。

　しかし従来の教科書は「んです」はなかなか導入されませんし、導入するときは書き言葉の「のです」と同じ法則で教えています。ですから学習者は、相当な上級者や日本で生活している人以外、「んです」を使って話すことはまずありません。何でもかんでも「ます形」ですませてしまいます。

　会話の中で「んです」を多用するといいましたが、どんな時に使わないかがわかるには慣れも必要なので、最初はあまり細かいルールは説明せず、「んです」と「です・ます」を同時に教えるのが良いと思います。そうすると両方が聞き取れるようになり、慣れてくると使い分けができるようになります。

　また、「んです」とともに用いる「辞書形」や「ない形」だけでなく、会話では様々な活用形が使われています。これまで述べたように、『ニュー・システムによる日本語』では、頻繁に使われる６つの活用形を始めから教えるので、アニメや日本人の会話が早いうちから聞き取れるようになるのです。

13 「文法積み上げ方式」か「can-do シラバス」か

時代遅れではない「文法積み上げ方式」

　市販されているいろいろな教科書を見てみると、文法項目の導入順序は大体同じです。目次の表現が違っているだけのように見えます。

　文法積み上げ方式では、目次や構成は「N1 は N2 です」、「○○じゃありません（否定）」、「V ます・ません」、「V てください（依頼文）」などというように文型になっていて、can-do シラバスでは、「自己紹介」、「好き嫌いを言う」、「家族について言う」、「健康について言う」などとなっています。しかし、そこで扱う文型は文法積み上げ方式のものと変わりません。要するに can-do シラバスの教科書では、どの課でどんな場面の会話ができるかがわかり、文法積み上げ方式ではどんな文（型）が作れるかがわかるわけです。

日本で日本語を勉強する場合は can-do シラバスが便利かもしれません。また、海外でもいろいろな場面を経験する環境にある場合は、こんな話題の時はどうしたらいいかという観点で学ぶ項目がわかる can-do シラバスのほうが学習者の興味を惹くと思います。それに対して、一般的には海外では can-do シラバスで示されるような場面を経験することはほとんどありませんから、何にでも応用のきく文法積み上げ方式が良いように思われます。そうすればたまたま日本人に会う機会があったとき、依頼文や誘う文、断る文の作り方がわかるような、そんな教科書のほうが便利です。私自身、もし今日本で新しい外国語を習おうとしたら、さまざまな種類の文の作り方がわかる教科書を選ぶと思います。

　一言付け加えるなら、日本でも海外でも理数系の学習者には文法積み上げ方式が適しています。「16　理系学習者に好かれる教科書、嫌われる教科書」（本書 77 頁参照）で触れますが、理系学習者の多くは言語を学ぶとき、否定文はどのように作るのか、依頼文はどのように作るのか、欲求を表す文は、などと文の作り方を知りたいのです。外国語を学ぶ喜びは、自分で文を作ることにあると考えていますから、文法をまず学びたいのです。ルールを学んで応用できれば、数学を学ぶように語学が学べますから楽しくなります。

「文法積み上げ方式」と「can-doシラバス」の使い分け

　私はシンガポールで、文法積み上げ方式と can-do シラバスを使い分けて教えていました。学校で行う通常のクラスでは『ニュ

ー・システムによる日本語』をそのまま使い、文法積み上げ方式で教えていましたが、企業別、業種別のコースでは、その職場や仕事で経験する場面に合わせた can-do シラバスに作り変えたテキストを用いていました。もちろん、学習項目や扱う文型は『ニュー・システムによる日本語』と同じです。

　文法積み上げ方式か can-do シラバスかどちらを採用するかは、学習スタイルや好みにも大きく関係すると思うので、学習者に合うほうを選べば良いのですが、どちらにせよ文法項目が今のままではたいへんな回り道になることは何度も述べたとおりです。

14 なぜ頑丈な家がはやく建つのか

JLPT N3、N2への最短距離

　よく『ニュー・システムによる日本語』で学ぶとなぜJLPTのN3やN2に早く到達するのか聞かれますが、それは日本語学習を家の建築に例えるなら、しっかりした土台と応用力ができているからです。

　何度も述べているように日本語では動詞の活用が最も重要な学習項目です。

　『ニュー・システムによる日本語』では、動詞の６つの活用形を表（次頁）の左欄のように縦に並べ、最初に項目Aを一度に学びます。

　日本語学習を家を建てる作業に例えてみます。

　『ニュー・システムによる日本語』で６つの活用形から学ぶのを、

	（　）内は最初の学習項目Ａ（例：書く）	左項の各活用形をもとに簡単に学習できる項目Ｂ（初級）
ない形	書かない（んです）	〜ないで、〜なくて、〜なかった、連体修飾、受身、使役、使役の受身、尊敬
ます形	書きます（ません）	〜ましょう、ませんか、〜たい、〜に行く、〜なくて、〜方
辞書形	書く（んです）	連体修飾、（禁止形）
ば形	書けば（いいですか）	可能形、（命令形）
よう形	書こう（と思います）	〜としたら
て形	書いて（ください）	た形、〜てもいい、〜たら、〜てから、〜てみる

れんがで６角形の家を建てる作業と考えます。

　まず左欄の６つの活用形と項目Ａをしっかり頭に入れますが、これはまず家の６つの壁面の土台を作ることになります。その後で右の項目Ｂを一つずつ学ぶのは、各壁面を少しずつ高く積み上げるということです。

　一方、従来の教え方は、一つの壁だけをまず高く積み上げていきます。「ます形」とその右に示したいくつかの形（項目Ｂ）を教えて、他の形や全体像には触れません。「ます形」の壁が高く積めたら次は別の壁（例えば「て形」）を積み始めます。学習者には二つの壁のことしか言わず、他にも壁があることや全体像は知らされません。その後また「ない形」の壁などを作ります。そして全体像を見せぬまま半年か１年後に「ば形」、「よう形」の壁を作ろうとしてもなかなかしっかりできずぐらぐらです。セメ

ントが劣化しているからです。セメントとは、やる気と興味を合わせたものですが、何か月も経つと固定する力（海馬の働き）が弱くなっているのです。

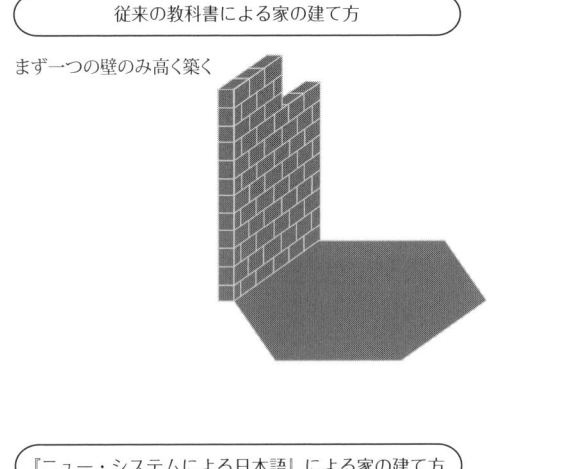

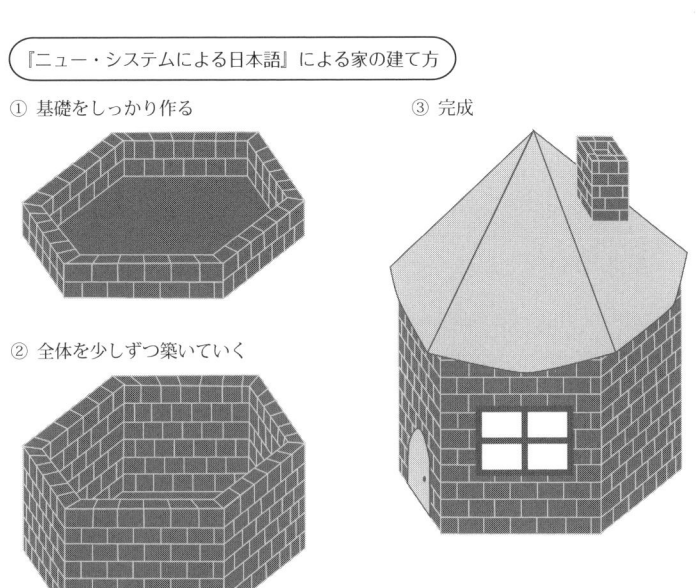

従来の教科書による家の建て方

まず一つの壁のみ高く築く

『ニュー・システムによる日本語』による家の建て方

① 基礎をしっかり作る

② 全体を少しずつ築いていく

③ 完成

上質なセメントによって、まず6つの壁の基礎部分をしっかり作るのがベストです。そうすれば各々の壁はいとも簡単に築いていけますから、N3やN2に早く到達できるのです。
　N5やN4で要求されている学習項目をその順序通り導入している従来の教科書とは、各項目の導入順序が全く違いますから、最初にN5合格のための学習をするという回り道は避けられます。

N5が回り道である理由

　N5合格のための学習が回り道だと言っていますが、N5の学習項目が無駄だという意味ではありません。よく使う表現が多く、容易に学べるし役に立つものばかりです。
　回り道になるというのは2つの点からです。
⑴動詞の活用という最重要事項を、学習初期の海馬の働きが活発な時に教えず、海馬の働きが鈍ってから教えるので、覚えるのに何倍も時間と労力が要求されてしまう。
⑵動詞の活用に比べてはるかに単純で容易に覚えられる項目は、初期に時間をかけて教えなくても、海馬の働きが鈍ってからでも簡単に覚えられる。
　初級学習の途中で他の教科書から『ニュー・システムによる日本語』に切り替えて、動詞の活用を一括して学んだ学習者がその方法と効果を絶賛するのですから、私の主観ではありません。
　世界の日本語学習者の4分の1を占める中国で『ニュー・システムによる日本語』が使われ始めているのですから、日本や他の国でもN5を無視して先に動詞の活用から学んでほしいものだと思います。

余談になりますが、数学者のピーター・フランクルが次のように述べています。「数学は、大きな樹のようなもの。まずは根元に近い幹の部分を太くすることがその先の枝葉を広く伸ばすことにつながっていきます。」（2015年3月13日付の朝日新聞朝刊）文法もまさにそのようなものだと思います。家の建築も大きな樹も同じことです。基礎の最重要事項をしっかりさせることが何より大切です。

15 留学生30万人時代の日本語教育

増加する日本語学習者と旧態依然の日本語教育

　周知の通り、2008年に政府は日本への留学生を、2020年までに当時の14万人から30万人に増やそうという計画「留学生30万人計画」を発表しました。
　また、下の表は、3年ごとの国際交流基金による調査結果です。

	学習者数	教師数	機関数
2006年	2,979,820	44,321	13,639
2009年	3,651,232	49,803	14,925
2012年	3,985,669	63,805	16,046

（国際交流基金）

　これらの数字から、今後日本語学習者は当分の間増加し続ける

だろうということが分かります。

　一方、ITの進歩や普及により、学習環境や方法も大きく進歩しています。

　その中で唯一変わっていないのが動詞の教え方です。これまで何度も述べてきたように、何十年も変わっていません。私の知る限り1960年代から大きな変化はありません。「8　ヨーロッパ言語学習法との対比」（本書44頁）、「10　これしか教えていないJFスタンダードに基づく代表的な教科書」（本書53頁）で見たとおりです。学習者は昔と同じ方法で、動詞の活用を苦労しながら学んでいます。また、第3部でとりあげますが、「『は』と『が』」についてとんでもない説明をして、学習者を混乱させています。この状況を変えるのは、本書で紹介した教授法と教科書『ニュー・システムによる日本語』しかありません。ついでなので述べますが、「『は』と『が』」についてとんでもない説明とは、たとえば「は」は、対比を示す、既知語を示す、真理を述べるときに使う、等々です。たまたまそうなっているような例を挙げて、それが普遍的法則のように扱うと泥沼にはまってしまいます。それらの法則に当てはまらないときは、また新たな「理屈」を作って説明しなければならなくなるからです。

　日本語学習者はこのように増え続けており、その中で当然IT技術者や技術者志望の理数系学習者も増えています。次節「16　理系学習者に好かれる教科書、嫌われる教科書」（本書77頁）で説明しますが、『ニュー・システムによる日本語』はそんな理数系の学習者に最適です。留学生30万人時代の日本語教育を支える教授法と教科書として『ニュー・システムによる日本語』を普及させ、一人でも多くの人に使ってほしいと考えています。

もし従来の教科書を使い続けるなら

　2012年に『ニュー・システムによる日本語』をウェブサイトからダウンロードできるようにして以来、毎日多くののアクセスがありますが、2015年3月現在では1日に千件以上、多い時には五千件以上のアクセスがあります。主に中国や東南アジアの国々ですが、今後はそれらの国々で『ニュー・システムによる日本語』を使って学び、日本に留学してくる人々が増加すると思われます。中国のある日本語学校を訪問したとき、『ニュー・システムによる日本語』を使って勉強している若者が、将来は日本に留学したいと言っていました。こうしたケースが増えてくると、読者のみなさんは「おめでたい思い込みだ」と思われるかもしれませんが、アーティキュレーションに問題を起こすことは間違いありません。海外で動詞の活用をマスターしている初級学習者が、日本で初級のどこかのクラスに入り、「て形」の導入の課を学ぶのは無駄なことです。かといって漢字やボキャブラリーを考えると、上のクラスに入ることは難しいでしょう。『ニュー・システムによる日本語』は、日本より先に海外に広がっていますが、日本でも『ニュー・システムによる日本語』を使う学校が増えてほしいものです。主教材としてでなくても副教材として使われれば、このような留学生に対応できます。

　また、もっと先の問題かもしれませんが、日本で『ニュー・システムによる日本語』が普及した場合、海外からの留学生が「ます形」しかわかりません、というような場合はビギナークラスに入るほかありません。

実はこうしたことは、私が運営していたシンガポールの学校で日常的におきていました。「17　シンガポールで評判の『ニュー・システムによる日本語』」（本書81頁）でも触れますように、他校で初級を学んだ人が私の学校に入るときにレベルチェックを受けると、動詞の活用を知らないためビギナークラスに入るわけです。

　従来の教科書に固執するか『ニュー・システムによる日本語』に切り替えるかは、天動説を曲げないか、地動説を受け入れるかというぐらい大きな変革だと思います。JLPTの出題範囲が現状のままなら、N5を無視する勇気が求められています。N5を受験しないで、『ニュー・システムによる日本語』を用いれば、今までより早くN4以上に到達できるのです。しかも半分の労力で、です。大学や学校の授業を見学していつも思うのですが、学習者が何か月も勉強しているのに「です、ます」だけで稚拙な文しか話せないのは残念としか言いようがありません。また、優秀な教員の方々が、学習者に「です、ます」だけで不自然な日本語を話しておられるのは何たることかと、日本語教育の歪みを感じてしまいます。

16 理系学習者に好かれる教科書、嫌われる教科書

文系学習者と理系学習者の根本的違い

　人にはそれぞれ得意な分野、不得意な分野があります。また、自分に合った学習法というのも人それぞれ異なります。これは当たり前です。あまりに当然すぎるので、なぜ今更こんなことを書くのか訝しいと思われるでしょう。しかしここで敢えて書く理由は、こんな当然なことを多くの日本語教師は理解していないからです。つまり、当然だと思っているのに、それがどういうことなのか、日本語を教える際にどう係わってくるのかわかっていないのです。こんなことを書いている私自身、実はこのことを日本語を教えるまではきちんと考えてみたことがありませんでした。しかし、日本語を教え始めてたいへんなことに気付いたのです。
　それは、文系の人は理系の人と著しく異なった思考パターンを

もっている、ということです。そして、これまで日本語の教科書は文系の思考パターンに沿って作られてきていて、その傾向が最近ますます強くなってきています。ですので、理系の学生や社会人とってはどんどん学びにくいものになっているのです。どういうことかというと、文法が減らされてきて、とっつきにくくなっているのです。文系の人は目の前にあるさまざまなものをそのまま受け入れる能力がありますし、理屈がわからなくても暗記する能力があります。

　一方、理系の人はまず目の前のものを分析し、共通のルールを見つけて分類したがります。こうしたことは本能による反応ともいうべきもので、どうすることもできません。学習するときも理屈を学んでから覚えたいので、いわゆる暗記科目がたいへん苦手です。語学の授業で文法を教えないと、暗記科目とみなして嫌ってしまいます。脳科学の観点から言っても、嫌いになるとますます覚えるのが苦痛になります。そこで本人も回りの人も「語学が苦手だ」とみなすようになります。しかし正確に言うと、語学が苦手なのではなく、暗記、特に理論なき暗記に弱いだけなのです。そして文法にはたいへん強く、応用力もあります。

理系学習者に適した教え方

　したがって、理系学習者に日本語を教えるには理系の人に向いた方法で教えるべきなのです。私も、学習者のほとんどが文系というようなクラスでは、文法をあまり重視するとつまらないなどと言われるので文法を控えめにした授業をしていましたが、企業内コースなどでエンジニアのグループや理系の人ばかりのクラス

では逆でした。このようなクラスでは、文法の説明をすると、みな熱心に聞き入り、「どうしてこの場合は○○で、この場合は××なのか」という類の質問が多く、それに対して理論的に、時にはかなり突っ込んで答えると本当に満足そうな顔をします。また、重要な表現であっても理論的に合点が行かないと、納得するまでこだわり、簡単には覚えようとしません。これが理系の学習スタイルなのです。

　そこで、少数派とはいえ今後ますます増え続ける理系の日本語学習者のために彼らの学習パターンに合ったテキストを用意しなければなりません。それは当然文法を重視したものですが、その文法自体が、できるだけ一般化されたされたものであるべきです。つまり、一つの法則がすべてを説明できるような普遍的なものという意味です。『ニュー・システムによる日本語』こそ彼らの学習パターンにぴったりの教科書です。また、全体のシステムや原理を知った上でそれを応用するという意味においても、彼らの能力を最大限に引き出し最短距離で日本語の基礎がマスターできる教科書なのです。

　しかしよく考えると、こうした教授法はヨーロッパの言語教育で用いられている方法です。そしてその方法で文系、理系を問わず大勢の人が学んでいます。ですから日本語学習においてもこの方法つまり『ニュー・システムによる日本語』は文系、理系を問いません。単なる暗記でなく体系的に学びたいすべての人に使ってほしい教科書です。

　ヨーロッパの言語教育では文法は一般化された法則、普遍的な原理が教えられているわけですが、英語で見てみると、例えばSVOという文型について、時を表す修飾語（仮にTmとする）が

加わったとき、わざわざ SVOTm や TmSVO などという新たな「文型」を提示したりしないということです。ほかの修飾語が用いられるときも同様です。SVOTm や TmSVO などはすべて SVO に含まれるべきものであり、それらをいちいち「文型」にすると無数にできてしまうのです。日本語の文法も一般化された法則を教えれば、より広く応用できるようになります。

17 シンガポールで評判の『ニュー・システムによる日本語』

ビギナークラスでびっくり

　シンガポールで 2003 年まで私が運営していた日本語学校には、国立シンガポール大学日本語学科の学生がたくさん学びに来ていました。大学で日本語を習い始めたので、練習のため日本語学校でも勉強したいといって来るのです。学習経験がある人にはレベルチェックを行うので、その前にガイドラインを見せます。第 2 部にあるような会話を見せてどのぐらいわかるか聞きます。これは、3 週目に学習する会話です。
　《かいわ　1》
　きむら：まいあさ　なんじに　おきるんですか。
　やまだ：しちじに　おきます。でも　あしたは　はやく　おきようと　おもいます。

きむら：どうして　はやく　おきるんですか。
　やまだ：ジョギングを　するからです。いっしょに　しますか。
　きむら：はい。じゃ、なんじに　おきれば　いいですか。
　やまだ：ごじはんに　おきてください。
　きむら：はい。じゃ、おやすみなさい。
　やまだ：おやすみなさい。

《かいわ　2》
　たなか：きょうも　テニスを　するんですか。
　さとう：いいえ、きょうは　しません。
　たなか：どうして　しないんですか。
　さとう：つかれたからです。
　たなか：じゃ、あした　するんですか。
　さとう：あしたは　いそがしいです。あさって　しようと　おもいます。

　するとみな、「『ます形』しか習っていないので、わからない」と言って、レベルチェックのテストを受けずにビギナーのクラスに入ります。シンガポール大学の学生は、こんなことをビギナークラスの3週目に習うのかとびっくりします。こうしたことは口コミで広がり、シンガポール大学から大勢の学生が私の学校に学びに来ていました。大学で動詞の基礎を学ばずJLPT 4級（当時JLPTは1級から4級まで）の勉強をしていた彼らが、私の学校で学ぶことにより、4級を飛ばして3級に挑戦できたことは言うまでもありません。

「動詞を理解するのに本当に簡単なプログラム」などの声

　ここで、他校で初級を学んでから参加した生徒のコメントを紹介します（原文は英語、著者訳）。
　○リー・アイ・センさん（元国立シンガポール大学薬学研究員）
　　　私は今まで何年間も日本語を勉強していて、読み書きはほとんど困ることがありません。でも話すときはいつも同じ言い方になって、「ます形」ばかりを使っていました。
　　　私はすでに上級まで終えていましたが、評判を聞いてこの学校の初級クラスに入りました。
　　　この方法は本当にすごいと思います。非常に科学的で、動詞がシステマティックに覚えられます。動詞の活用がとても易しくて驚きました。始めに覚えてしまうといろいろな言い方ができるのでどんどん楽しくなります。今では動詞のいろいろな形を使って会話できるので、話すのがとても楽しいです。急に日本語がうまくなりました。

　また、学校のウェブサイトには次のようなコメントが掲載されています。
　○　日本語を学ぶ上で、たいへんしっかりした基礎を教えてくれました。レッスンはわかりやすいです。
　○　この学校で学んで4年になります。この学校に最初に魅力を感じたのは、特許取得のプログラムです。初日のレッスンを受けて、動詞を理解するのに本当に簡単なプログラムだと思いました。

- ○　この学校での日本語の文法学習方法は、他校の方法よりはるかに役に立って楽しいです。
- ○　私にとってこの学校の初級のレッスンは、もっとも充実していて効果的だと感じました。独自の教科書を使っていて、この方法はたいへん強固な基礎を作ってくれました。

　これらはほんの一部ですが、私がシンガポールで教えていたころは毎日のようにこうした声が聞かれました。2003年に私が帰国するまで、教科書『ニュー・システムによる日本語』は、シンガポールの紀伊国屋書店でも飛ぶように売れていました。

　現在では、『ニュー・システムによる日本語』のサイト及び教え方の参考動画サイトのアクセス解析をみると、シンガポールではより多くの学校や個人の間で使われているようです。

18 学習者の望む教科書とは

　最近、中国の大学で行なった日本語教員向けセミナーのアンケート調査で、「大学1年からこの方法で学びたかった」とのコメントが多く寄せられたこと、それよりはるか以前にシンガポールで日本語学校を運営していた時も、他校で学んだ後私の学校に入ってきた生徒から「このシステムは素晴らしい」との声をたくさんもらったことは前述の通りです。
　学習者が学びたい方法で授業を行なうのがベストです。
　こんなことはあり得ない話ですが、ある人がフランス語を習うとき最初の半年か1年は1人称しか教わらず、動詞はこれがすべてだと思い込んでいたとしましょう。するとある日、2人称の文が導入され、動詞には1群動詞や2群動詞その他いくつかあり、動詞の種類によって1人称の形から2人称の形に変えるには異なる法則があることを習い、一生懸命覚えます。ようやく覚えたこ

ろ今度は3人称の文が導入され、また動詞の種類ごとの法則を習って1人称の形から3人称の形に変える方法を学びます。しばらくして今度は1人称の複数形が導入され、1人称単数形からの作り方を学び、などと延々に1人称単数形を軸にして覚えなければならないとしたら非常に負担が大きく、半年か1年たって3人称複数形を習うころには嫌気がさしてやめてしまうかもしれません。そうして別の学校に移ったら、最初の日から動詞活用のシステムを教えてくれてフランス語の動詞は6通りに（2人称の親称を含めれば8通りに）変化すること、いくつかの群があることを学びます。早速1群動詞の6通り（または8通り）の語尾変化を覚えました。この人は間違いなく、最初からこの方法で学びたかったと思うことでしょう。

『ニュー・システムによる日本語』を後から知った学習者の反応はこうしたものなのです。多くの日本人の日本語教師の方はピンとこないかもしれませんが、明らかに学習者は『ニュー・システムによる日本語』の教え方を支持しています。とりあえずJLPTのN5合格を目標にして従来の教科書を使うより、N5を無視して日本語の本質的なことから教えた方がはるかに学習者のためになります。

　そうは言っても、すぐに現在のカリキュラムを変えてこの方法に切り替えるのはたいへんなことだと思います。ですから、当分の間は現在のカリキュラムの中で、動詞を初めて教えるとき「ます形」というのがいくつかの活用形の一つであり、全体からみるとこのようになっているのだということを「動詞付き50音表」(巻末資料1)を使って示してあげれば良いと思います。

19　日本語の美しいシステムと日本語教育

驚くべき日本語の50音

　日本語にはたいへん美しいシステムがあります。まず50音です。私は外国語のアルファベットはabc……しか知りませんが、日本語の50音のように整然としたアルファベットがほかにあるでしょうか。しかも驚きなのは、動詞の中でもっとも基本的な五段活用の動詞の活用がこの50音のシステムに沿っているのです。このような完璧なシステムがほかの言語にあるでしょうか。日本の子どもたちはこうした日本語のシステムを国語教育で学びます。なぜ、それを日本語を学ぶ外国人に教えてあげないのでしょうか。
　私は何事も基本的なシステムに沿って学ぶのが一番効率的だと思ったので、本書で何度も述べたように、この動詞のシステムを6つの基本的な活用形として真っ先に教えました。「聞く」を例

に挙げるなら、「聞かない・聞きます・聞く・聞けば・聞こう」そしてそのシステムに規定される「て形」の「聞いて」です。「聞く」の場合、すべての活用は「かきくけこ」そして「い」からのみ作られます。従ってそのことを覚えておけば、のちに受身形、可能形その他どんな活用形も簡単に学べます。

動詞の活用形を使いこなせない教育は間違っている

　物事を学ぶには原理、システムを知ることが第一です。スポーツもヨーロッパの言語も生け花などの技術その他あらゆることがそのスタンスで指導が行われています。私の知る限り日本語教育だけがそれを無視しています。動詞を教えるとき動詞のシステムを教えず、一つの活用形「ます形」だけを徹底的に教えます。学習者は動詞イコール「ます形」だと誤解し、すべてを「ます形」で表現するようになります。後から学ぶほかの活用形はなかなか覚えられないし使いこなせません。

　これはまるで野球を学ぶときバントのみ徹底的に覚え、バントだけでゲームをするようなものです。後からほかの打ち方を学んでもなかなかバントの癖が抜けずにうまく打てません。もちろんバントだけでも試合は成立しますが、やるほうも見るほうも面白くないでしょう。いろいろな打ち方をしている試合を見て、自分たちと違うプレーをしていると思うでしょう。

　日本語では「ます形」だけで話しても意味は通じますが、いろいろな活用形を使って話している日本人を見て、自分たちと違う話し方をしていると感じるのです。

今日から使えるメソッド

　このように従来の日本語教育は、バントだけで野球をさせているようなもので、日本語の原理とかけ離れた間違った教え方を継承しています。そしてJLPTの問題もそれに沿って作られているので、誰も教え方を変えようとはしません。学習者が動詞の活用形を使いこなせないような教育は間違っています。今のやり方では学習者が動詞の活用で大変な苦労を強いられています。ヨーロッパの言語教育のように日本語も原理・システムを教えるべきです。私の教授法セミナーに出席したある中国人教授は「この教授法は対応性が強く、現実的で、今までの半分の労力で倍の効果が得られます」とコメントしています。（「6　『ニュー・システムによる日本語』の広がりとJLPT」〔本書38頁〕にも紹介）似たようなコメントが多くの教員から寄せられました。非母語話者教師は日本語習得に苦労した経験があるため、この教授法を絶賛します。日本語学科の学生や大学院生は「大学1年からこの方法で学びたかった」と口々に言います。

　留学生30万人時代を目指す今日、より簡単でより効率的な方法へと舵を切らなければならないと思います。中国その他の地域では多くの大学がこの方法をとり入れています。

　巻末の「動詞付き50音表」の練習を今日からでも始めてください。学期が終わるころ成果を目の当たりにすることでしょう。

20 頼もしい日本人教師と目を輝かせる生徒たち

「3 中国で絶賛される教授法」(本書11頁)などで触れたように、非母語話者日本語教師は一瞬で『ニュー・システムによる日本語』の価値を見抜き、絶賛しますが、もちろん日本人の教師の間でもこの教授法と教科書の賛同者が増えています。

フェイスブックやツイッターでいただいた短いコメントは数えきれないほどありますが、ある程度まとまったコメントやメッセージから少し紹介します。

生徒があっという間に６つの活用形をものにする目からウロコの教え方

○インドの物井將裕さん(カルナータカ州マンガロール在住の語学学校講師)

たまたま動画サイト（YouTube）で見つけて、目からうろこの日本語の教え方でとてもびっくりしました。私は現在、『みんなの日本語』を使い、インドの片田舎でインド人に日本語を教えております。『ニュー・システムによる日本語』の教え方の方がよりわかりやすいと感じました。明らかに『みんなの日本語』と教え方が違うので、どうやってチェンジさせていこうか今悩んでおります。インドにはインド人が買うことができる価格で普及している『みんなの日本語』や『UME MOMO SAKURA』のテキストしかありません。このテキストを使いながら、『ニュー・システムによる日本語』の教え方が可能かどうか検討中です。世界の国々でこのように併用しながら教えている所はございますか？　そして、こんなすごい教え方で特許も取っていらっしゃるのになぜ無料で公開されているのでしょう？
（後日）
　インドは多言語国家であり、多くのマンガロール人は公用語のヒンディー語、英語を理解し、さらにカルナータカ州の言葉であるカンナダ語も、マンガロールの言葉であるトゥル語も話し、隣接州のゴアの言葉であるコンカニ語、ケーララ州のマラヤーラム語、チェンナイのあるタミルナード州のタミル語も話す人は多いです。
　こういうことが相まってかインド人の外国語取得能力の高さは半端ではありません。面白いぐらいに覚えてくれます。
　さて、私の使用している方法ですが、『みんなの日本語1』（インド版）で生徒がひらがなカタカナをある程度覚え、少し慣れてきたであろう頃、一冊目の6課が終了した時点（復習Aが終わった時点）で、動詞の変化活用方法を『ニュー・システムによる

日本語だけでなく日本文化も紹介する物井將裕さん。

日本語』にて教えることにしております。

　当初、丸暗記だった動詞の変化に公式があることを教え、実際このように使ってもらった方が断然簡単であることを判ってもらうためです。この公式を教えている時の生徒の目の輝き方が変わったのを覚えております。動詞の変化は14課から始まりますが、形容詞の8課が始まる前に導入することで、より理解が深まると思ったからです。実際、生徒たちは14課から始まる動詞の変化に対して即応出来たことは、言うに及ばずですね。

　生徒からのフィードバックも受けながら柔軟にこれからもどんどん良い教え方に切り替えていこうと思っております。

　本当に良いタイミングで海老原さまの『ニュー・システムによる日本語』に出会うことができ、感謝です

（後日）

　現在は生徒の理解度に合わせ、4課の「私は○時にＶます。」「昨日Ｖました」を教える時点で教えました。

　本当にこのシステムは凄いです。あっという間に「ない、ます、辞書、ば、よう、て」をものにします。感謝してもしきれないです。

　もともと会社員だった私は、成り行きで日本語教師を始めたのですが、現地には日本語を教える人がまったくいないので、現在

は使命感を持って仕事に励んでいますし、日本語を理解しようとしている、覚えようとしているインド人に教える事は今ではたのしくてしょうがありません。

　N3、N2レベルの日本に行くことが決まっている生徒には、元ビジネスマンだった経験を生かし、ビジネス日本語＋ビジネスマナー＆生活習慣を教えることもあります。

「こういうシステムがあるの？」と目を輝かせる生徒たち

○アメリカの山口かおるさん（カリフォルニア州パロアルト市在住、当時日本語講師）
（2013年にサンフランシスコを訪れた時、急な日程だったのですが、数名のセミナーをアレンジしてくださいました。）

　今日は『New System Japanese』（『ニュー・システムによる日本語』の英文名──著者注）を直伝してくださってありがとうございました。直接お話を伺って、いかに良く考えられているものか、よくわかりました。

　日本語を習う人たちが、実際に使える日本語を、分かりやすく教える、という視点で作られている点が素晴らしいと思います。いま主流の教え方は、先生フレンドリーだけど、決して生徒フレンドリーではない、と言うことを思い知らされました。

　家に帰って主人（西オーストラリア大学日本語科一期生です）に話したら、やはり「です、ます」で習い始めて、日本に行ったら、習っている日本語と実際使われている日本語が違うことに、最初は大ショックを受けたそうです。

いま主流になっている教え方は、生徒に成功体験や「あ、わかる！」という感動体験をあまり与えてくれない上に、一山越えたら、また新しい山が出て来て、生徒さんがだんだん疲れてきてしまうような気がしていたのです。新しい文法を会話の中に使ってもらうためには、ひたすら暗記しかないのか、と行き詰まっていたので、一筋の光を見たような気がします。
　私たちのように、大きな学校組織に属しておらず、わりに教え方に自由と融通が効く立場の教師は、すぐ『ニュー・システムによる日本語』を試してみることができます。
　今日教えて頂いたことを参考にして、やってみます。また明日から精進する元気が出てきました。
　帰りの車中でも、皆（セミナー参加者――著者注）、感動していました。Ｔさんも、すぐ使ってみる、と言っていました。
（後日）
　教科書を使った順番通りではないのですが、土曜日にさっそく家庭教師をしている高校生に、50音表の並びの活用（「動詞付き50音表」――著者注）を紹介してみました。
「こういうシステムがあるの？」と目を輝かせて、メモを取っていました。まだレベルが２（アメリカでのレベル――著者注）の子なので、文法としては知らないのですが、アニメが好きな子なので、日本語の耳はあり、「聞いたこと、ある！」と。来週は頂いたマニュアルでもっと踏み込んで教えられます。楽しみです。
　先生のシステムは、海外で教える日本語家庭教師やボランティアさんには救世主だと思います。
　生徒が「わかる」こと、生徒が先生なしでも、習ったことを使えるようになることが大事。帰りの車の中で、今の主流になって

いる教え方は、先生には楽だけど、生徒には可哀想、とつくづくみんなで話しました。

　先生のシステムは、簡単なシステムを作ってあげて、声に出させて刷り込んで行く、というところで、画期的だと思います。

　このシステム、もっとみなさんに知ってもらいたいです。

ただただ感心、こんな斬新な本だとは

○スイスの長嶺孝子さん（2014年まで高校の日本語教師）
（2013年7月、第1回東アフリカ日本語教育会議で知り合いました。ヨーロッパの日本語教師会のメンバーに『ニュー・システムによる日本語』をたいへん熱心に紹介してくださいました。）

　すごいですね。ただただ感心しました。こんな斬新な本だってこと、あの会議の参加者は気がついていたかしら。

（以下は長嶺さんがスイス日本語教師の会に送って下さった紹介メールの抜粋です。）

　この新しい教え方とは動詞の活用すべてを第1課から教える方法で、以前から動詞の導入が遅いことに疑問をもっていた私にははたと膝を打つ思いでした。その他に省略の多い自然な日本語会話、「は」と「が」の納得のいく違いの説明にも感心しました。

　動詞を始めに集中して教えるという考え方には大いに賛成します。

アニメに使われていない「です・ます」だけでは生徒は不満。これで解決！

○スイスのAさん（高校の日本語教師）

　動詞の導入に関しては、いまの高校で教え始めてから私も従来の方法にちょっと疑問に感じていました。

　というのは、市民大学の生徒さんたちとは違って、ここの高校生たちはマンガやアニメから既にいろいろな動詞の形を見聞きしてなんとなく知っているんですよね。彼らは、マンガやアニメにほとんど使われない「です・ます」だけを覚えることにちょっと不満を感じているみたいで、たとえば「行く・行きます」を教えた時に、「早く行けよ」「もう行くぞ」「行っちゃった」などはどういう活用なのか、などと聞いてくる訳です。いちいち説明していられないので「もうちょっと我慢してね、そのうち取り扱うから」と言ってしまっている自分に、こういう教え方でいいのかな〜、と疑問を持っていました。

　それで、「です・ます」から始めて新しい形を順序だてて教えるという従来の方法よりも、すべての形を表などを使って始めに提示し、すでに見聞きして頭にはいっている形をその表で確認、整理しながら覚えさせる方法はどうだろうか、と考えていました。でも前例もないのでつい従来の方法に甘えてしまっていました。

　でも『ニュー・システムによる日本語』を見て、少し疑問が解決したように思います。こういう教え方をしてもいいんですね。動詞から教えるという特徴以外にも、日本語教育ではなく国語教育で使われている方法が考え方としてあるように感じられます。うまく取り入れたらずいぶん効果がありそうです。

○国際交流基金の日本語上級専門家であるKさんほかヨーロッパの先生方から
「もっと早く出会っていたら良かった」、「副教材として使いたい」、「学校の規則としてドイツ語の本を使わなくてはいけないが平行して使いたい。」

○インドネシア・ジャカルタのSさん
　最初から動詞の活用、助詞を思い切り教えるという方法は目からうろこでした。
　初級の学習者に、最初から動詞の活用を紹介するのは負担が大きいのでは？　とも思ったのですが、それは教え方でなんとか乗り切れるのかもしれませんね。
『みんなの日本語』を使用すると、初めのうちは教師がある程度我慢してわざと変な日本語を使わなければならないことに違和感を感じていました。しかし、『ニュー・システムによる日本語』は、そのような違和感を感じずに使えそうな気がします。

○福岡のNさん
　この教授法は初めて使いましたが、とてもよかったです！　直説法と違い、英語が使える（書いてある）ので動詞の種類などについても一瞬で説明が終わるし、活用についても、すんなりと受け入れてくれて、そして活用の練習をしてくれました。活用も、すでに勉強した「あ、い、う、え、お」の順に並んでいるので飲み込みが早かったです！

21 無駄な授業

教科書通りに教える無駄

　最後に、初級日本語教育についての無駄について動詞活用以外のことにも触れておきます。

　私は日本語教育の仕事で国内外の各地を回っておりますが、時々ビギナーのクラスを見学させてもらっています。そこで感じたことをお話しします。

　どこに行ってもほとんどの教師の方は優秀で、教えるのがとても上手だと思います。学習者の興味を惹くようボキャブラリーを選んだり、その地域に合うようなことを取り上げ、副教材も用意しています。しかし、教科書通り教えている（教えなければならない）ため、多くの無駄な時間が使われています。早いうちに重要な項目を教えるべきなのに、単純な事柄に多くの時間を割いて

います。第２部の要所要所で述べますが、いくつかの例を紹介します。

始めから枝葉の部分にこだわる無駄

　まだ４回目か５回目の授業でした。すでに「N1 は N2 です」が完全に定着していました。その授業では N2 が場所になる場合のみ取り上げ延々と練習していました。「N1 は N2 です」が定着するまでは N1 や N2 にいろいろな言葉を与えて練習しなければなりませんが、すでに文型が定着しているのですから、N2 が場所になるという場合のみを取り上げてたくさん代入練習するのは時間がもったいないと思います。

　また、「N1 の N2」というように名詞をつなげる練習も「……は　……です」という文型で延々と行っていましたが、「N1 の N2」というのは容易に覚えられるルールですし、どんな文型でも使うので、この段階でそんなに時間を割かなくてもいいと思います。これが英語ですと「's」や「of」を使ったり、人称代名詞を所有格に変化させたりしなければならず複雑なので、初期の段階でしっかり時間をかけるべきでしょう。しかし日本語はどんな名詞も「の」で連結できるので、簡単に覚えられることなのです。それなのに「N1 は N2 です」という文型だけを教えて、その枝葉の部分を細かく時間をかけ、新しい文型には進まないのです。その枝葉の部分はとても簡単で、ほかの文型を導入するときに教えても容易に学べる種類のものです。こうした道草、というのが失礼ならば回り道をたくさんして、重要な項目が後回しにされています。

また、こうして無駄とも思えるほど時間をかけて覚えさせた「N1 の N2」なのに、「……に　あります」を教えるとき使わないのにもあきれてしまいます。「机の上」、「ベッドの下」のように名詞句としてひとまとめにすればわかりやすいのに、ばらばらにしてしまい、「……の……に　あります」などと新たな文型として扱うので、またそこで時間がかかってしまいます。英語では「in」や「on」は前置詞なのできちんと教えるべきですが、「上」や「下」は名詞ですから、特別扱いすると混乱を招きます。「行きます」を教えるときは「……へ行きます」を教えた後、わざわざ「……の……へ　行きます」を新たな文型として教えたりしないはずです。

意味もなく区別して教える無駄

　「あります」に触れたので、ついでに別の「無駄」についてもお話ししましょう。「あります」という言葉は日本人は所有、所在、存在などの意味に用い、いちいち区別しません。たとえば、「パスポートはありますか」の問いに対する「ありません」という答えは状況により、「今持っていません」「取得していません」などの意味になり、前者は所有、所在（？）で後者は存在、所有（？）になると思います。英語や中国語では所有、所在、存在を区別し、異なる動詞や漢字を使うでしょうが、日本語では区別せず「あります」を使います。ですから日本語の教科書で区別して教える意味がありません。どうも英語の教科書を真似しているように思えてなりません。「鍵はここにあります」と「ここに鍵があります」を所在文、存在文として区別していますが、その違いは「田中さ

んはアメリカに行きます」と「アメリカに田中さんが行きます」の違いと同種のものです。この文を前者は移動先文、後者は移動文などと区別しないのと同じです。英語教育などの場合は、日本語に直した場合「連れてくる」と「持ってくる」というように異なる動詞を使うからと言って「bring」を「人の場合」、「物の場合」などと区別して教える意味がないので、文法的に区別していません。意味もなく区別して教えるのは、後に混乱を招きます。

学習者が後で修正しなければならないことを教える無駄

　別のケースは、2か月以上経過したクラスでしたが、「どうして」が導入されたにもかかわらず、「んです」を教えていないので、「どうして勉強しませんか」などと不適切な言い方を教え、練習していました。学習者はこの言い方に慣れてしまうと、後に正しい言い方「どうして勉強しないんですか」を学習しても、身についてしまった言い方を修正するのにものすごく時間がかかってしまいます。学習者が後で修正しなければならないようなことを先に教えるのは、学習者に無駄を強いていることになります。このようなことは即刻止めるべきです。最初から正しい文を教えてあげるべきです。

　ちなみに『ニュー・システムによる日本語』で学んだ学習者は3～4週目で、次のような会話をします。

　　たなか：きょうも　テニスを　するんですか。
　　さとう：いいえ、きょうは　しません。
　　たなか：どうして　しないんですか。

さとう：つかれたからです。
たなか：じゃ、あした　するんですか。
さとう：あしたは　いそがしいです。あさって　しようと　おもいます。

助詞「は」の間違った教え方

　後から修正しなければならないようなことを先に教えるのは、学習者に無駄を強いていること、と述べましたが、その最たるものが助詞「は」です。間違った教え方により、どれだけ多くの学習者が「は」と「が」の使い分けに苦労することになるか、現場の教師が一番よく知っていると思います。助詞「は」は日本語で最も特徴的なことの一つで、使い方はたいへんシンプルなので、早い段階で正しく身に着けさせるべきです。そのためには、従来の立派な研究者たちが自慢げに説明する「『は』と『が』の違い」に惑わされず、真のルールを教えるべきです。もっとも最近では「立派な研究者」だけでなく一般の日本語教師もブログや動画サイトに、「は」と「が」に関して不適切な情報を流しているので、要注意です。なお、「真のルール」とその教え方は第３部をお読みください。

第2部
『ニュー・システムによる日本語』の全体像

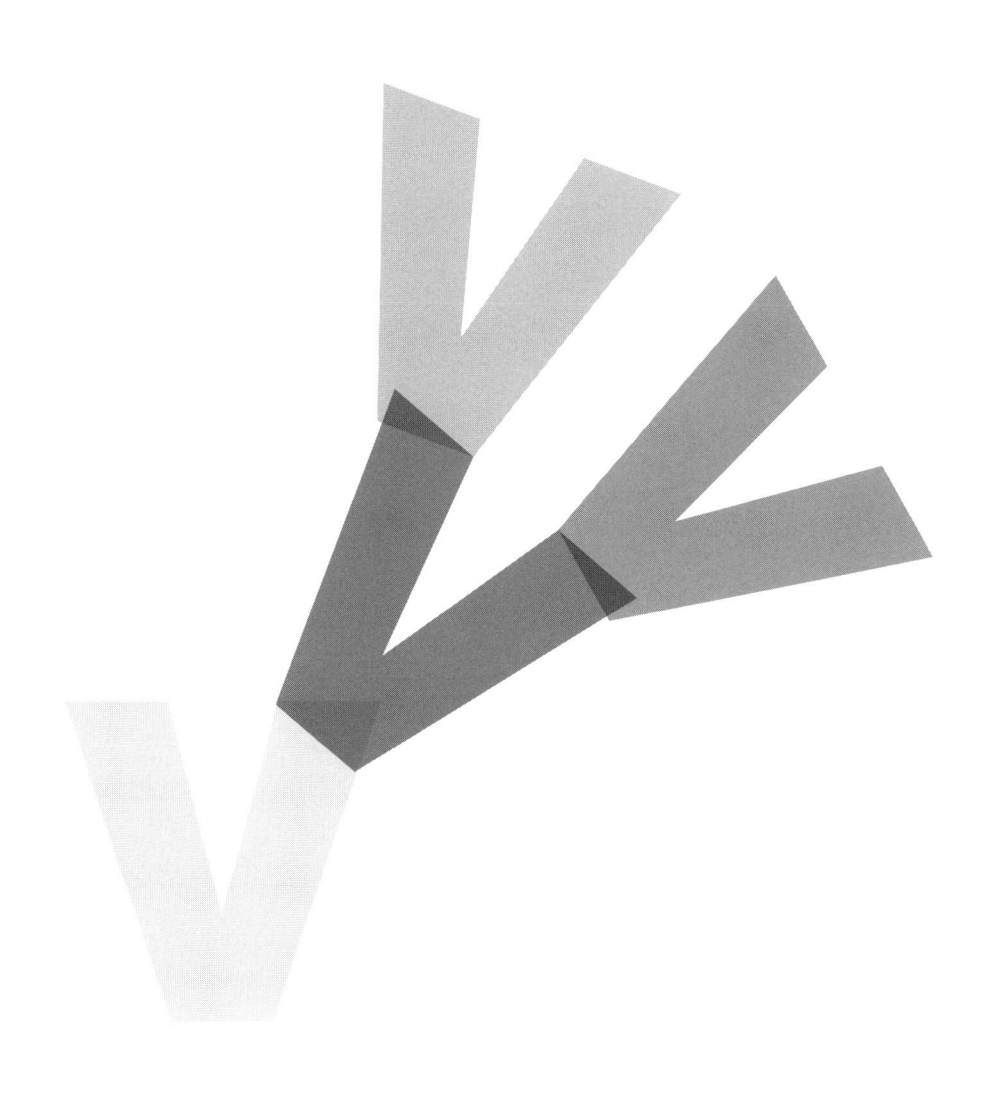

１週目から７週目までの内容と指導法

　週ごとの授業内容を説明していきますが、実際にどのように授業を行うかといことを『ニュー・システムによる日本語』における「リーさんのクラス」でお見せします。なお、ここで紹介するのは動詞活用の部分のみで、７週目までを紹介します。会話練習の後に文法説明をしていますが、先に文法の説明をしても構いません。同時に『みんなの日本語』を使った「チャンさんのクラス」(述語の学習項目のみ)と比較します。いずれも週３時間程度の授業の場合です。

１　週ごとの授業内容
１)　第１週（だい１か）
　①　動詞は活用の法則により、グループ１、グループ２、例外（不規則）に分類される。
　②　例外動詞は「来る」と「する」である。
　以上をおさえた上で、基本的な６つの活用形を覚えやすい順序に並べて教えていきます。
　50音を指導するとき、50音表の各行に１つずつ動詞の書かれた「動詞付き50音表」(巻末資料１)を用い、何度も反復練習しながらパターンを脳に刷り込んでいきます。これは、学習者が意味が分からなくても毎日聞いたり練習したりすることにより、グループ１の動詞の活用形を定着させるのが目的です。毎回10分程度練習した後、本課の内容に入ります。
　グループ１の代表として「いく」、例外動詞の１つ「くる」を

導入し、グループ1の動詞の活用が、50音表と連携して覚えられるよう、下記の活用表（表1）を用います。

表1 「いく」と「くる」の活用

ない形	いかない	こない
ます形	いきます	きます
辞書形	いく	くる
ば形	いけば	くれば
よう形	いこう	こよう
て形	いって	きて

「かきくけこ」を「いく」の活用ラインと呼び、グループ1動詞にはそれぞれ活用ラインがあることを50音表を示して理解させます。

　上記の表の3段目まで（ない形、ます形、辞書形）を文末に置いて文を作り、会話練習をします。
　⑴　ない形＋んです
　⑵　ます形（……ます、……ません）
　⑶　辞書形＋んです

会話練習の例

　どこへ　いくんですか。　　　とうきょうへ　いくんです。
　おおさかへ　いくんですか。　おおさかへは　いかないんです。
　にほんへ　いきますか。　　　にほんへは　いきません。

●リーさんのクラス

一通り挨拶と自己紹介をする。

教師が板書し、意味を説明する。

> どこへ　いくんですか。
> ゆうびんきょくへ　いくんです。

会話練習をする。
　　どこへ　いくんですか・いきますか。
　　（　　　　）へ　いくんです・いきます。

教師が板書し、意味を説明する。

> ゆうびんきょくへ　いくんですか。
> ゆうびんきょくへは　いかないんです。

会話練習をする。
　　（　　　　）へ　いくんですか・いきますか。
　　（　　　　）へは　いかないんです・いきません。

文法の説明をする。
1. 「いく」と「くる」の６つの活用形を示し、今練習した上段３つの活用形の使い方を３つの公式として理解させる。
   ⑴　ない形　＋んです
   ⑵　ます形（……ます、……ません）
   ⑶　辞書形＋んです

2.「いく」と同じグループ１の動詞の活用形を、「動詞付き
   50音表」(巻末資料１)を使って練習する。

教師が板書し、意味を説明する。

> がっこうへ　くるんですか。
> がっこうへは　こないんです。

会話練習をする。
　　（　　　　）へ　くるんですか・きますか。
　　（　　　　）へは　こないんです・きません。

「かいわ１」を練習
　　たなか：こんにちは。
　　さとう：こんにちは。どこへ　いくんですか。
　　たなか：がっこうへ　いくんです。さとうさんは　かい
　　　　　　しゃへ　いくんですか。
　　さとう：いいえ、かいしゃへは　いかないんです。かい
　　　　　　ものに　いくんです。
　　たなか：それじゃ、また。しつれいします。
　　さとう：しつれいします。

上記会話の下線部分の言葉と名前を変えて会話練習する。

宿題は、「いく」と「くる」の活用形を暗記すること。

> ●チャンさんのクラス（『みんなの日本語』第1課）
>
> ……は……です
> ……は……じゃありません。
> ……は……ですか。
>
> 【著者のコメント】
> 「私は（名前）です」と教えている場合がありますが、この言い方は不適切です。日本人同士が自己紹介するときのように、「（名前）です」と教えるべきです。はじめからできるだけ英語や中国語などの母語の影響を断ち切るよう指導したほうがいいと思います。
> 　また「私は先生です」というのは滑稽です。「先生」は敬称ですから自分には使いません。「私は○○さんです」というのと同じです。「教師」などの言葉を使うべきでしょう。もちろん、学習者には「○○先生」という呼び方を教えたほうがいいのは言うまでもありません。

2)　第2週（だい2か）

　第1週に紹介した6つの活用形の4～6段目（ば形，よう形，て形）の使い方を紹介します。下記のように1つの活用形に1つの公式（文型）を用います。

　(4)　ば形＋いいですか
　(5)　よう形＋とおもいます
　(6)　て形＋ください

会話練習の例
「いつ　いけばいいですか。」「すぐ　きてください。」
「どこへ　いくんですか。」「プールへ　いこうとおもいます。」
　こうして、2週目までに「いく」と「くる」について6つの活用形を導入することで、学習者は日本語の動詞のイメージが大まかにつかめるわけです。そして6つの公式(1)～(6)を覚えて6種類の表現が可能になるのです。特に日本人が会話で多用する「んです」を覚えることで、日本人の話し言葉になじめますし、普通体も同時に理解するようになります。

●リーさんのクラス

「動詞付き50音表」を使い動詞活用の練習をする。

一通り第1週の復習をする。

宿題の「いく」と「くる」の活用形をチェックする。

教師が板書し、意味を説明する。

　　いつ　いけば　いいですか。
　　いま　いって　ください。

会話練習をする。
　いつ　いけば　いいですか。

(　　　)　いって　ください。

教師が板書し、意味を説明する。

> なんようびに　いくんですか。
> げつようびに　いこうとおもいます。

会話練習をする。
　なんようびに　いくんですか・いきますか。
　(　　　)に　いこうとおもいます。

文法の説明をする。
　「いく」と「くる」の6つの活用形を示し、今練習した下段3つの活用形の使い方を3つの公式として理解させる。
　⑷　ば形＋いいですか
　⑸　よう形＋とおもいます
　⑹　て形＋ください

教師が板書し、意味を説明する。

> いつ　くればいいですか。
> あした　きてください。

会話練習をする。
　いつ　くればいいですか。
　(　　　)　きてください。

教師が板書し、意味を説明する。

> なんようびに　くるんですか。
> げつようびに　こようとおもいます。

会話練習をする。
　　なんようびに　くるんですか。
　　（　　　　）に　こようとおもいます。

「かいわ２」を練習
　　たなか：こんどの　<u>にちようび</u>に　どこかへ　いきますか。
　　さとう：<u>プール</u>へ　いこうと　おもいます。いっしょに
　　　　　　いきますか。
　　たなか：いいですか。
　　さとう：ええ。まず、わたしの　うちへ　きてください。
　　たなか：なんじに　いけば　いいですか。
　　さとう：<u>じゅういちじ</u>に　きてください。
　　たなか：わかりました。

上記会話の下線部分の言葉を変えて会話練習する。

宿題は、６つの公式⑴〜⑹を暗記すること。

●チャンさんのクラス（『みんなの日本語』第２課）

……は……です（か）

……は……じゃありません

【著者のコメント】
「(名詞)の(名詞)」が導入されますが、時々「……は(名詞)の(名詞)です」を新たな「文型」として導入するケースがみられます。しかし、文型はあくまで「……は……です」であり、「……」の箇所に「(名詞)の(名詞)」が使われているだけなのです。階層が異なる事柄を並列に示すべきではありません。階層を無視して教えると、この先もいちいち「……をＶます」、「……の……を　Ｖます」、「……の……で……をＶます」などと無数の「文型」を扱わなくてはならなくなります。階層を無視しているケースが気になったので、念のため触れておきました。

3）　第３週（だい３か）
　グループ２動詞の代表の「おきる」と例外動詞の１つ「する」を導入し、６つの活用形を「いく」、「くる」と同じ順序で並べます（表２）。

表２　「おきる」と「する」の活用

ない形	おきない	しない
ます形	おきます	します
辞書形	おきる	する
ば形	おきれば	すれば
よう形	おきよう	しよう
て形	おきて	して

グループ２の動詞の各活用形は、語幹に「ない・ます・る・れば・よう・て」を付けて作ることを説明します。
　そして、「いく」、「くる」について学習した上述の文型(1)～(6)を使い、会話練習します。
　教科書のこの課には以下のような会話があります。

かいわ　1

　きむら：まいあさ　なんじに　おきるんですか。
　やまだ：しちじに　おきます。でも　あしたは　はやく　おきようと　おもいます。
　きむら：どうして　はやく　おきるんですか。
　やまだ：ジョギングを　するからです。いっしょに　しますか。
　きむら：はい。じゃ、なんじに　おきれば　いいですか。
　やまだ：ごじはんに　おきてください。
　きむら：はい。じゃ、おやすみなさい。
　やまだ：おやすみなさい。

かいわ　2

　たなか：きょうも　テニスを　するんですか。
　さとう：いいえ　きょうは　しません。
　たなか：どうして　しないんですか。
　さとう：つかれたからです。
　たなか：じゃ　あした　するんですか。
　さとう：あしたは　いそがしいです。あさって　しようと　おもいます。

いかがですか。６つの活用形と６つも公式を覚えればこのような会話ができるのです。

　以上で、３週目までにグループ１、グループ２、「くる」、「する」を一通り俯瞰したことになります。もちろん３週間以上かけても構いません。

　これ以降は動詞を増やし、語彙を増やしてゆくのですが、会話練習の方法は同様です。６つの活用形と６つの公式を脳に定着させ、応用力をつけていきます。

●リーさんのクラス

「動詞付き50音表」を使い動詞活用の練習をする。

一通り第２週の復習をする。

宿題の６つの公式をチェックする。

教師が板書し、意味を説明する。

> なんじに　おきるんですか。
> ろくじに　おきるんです。

会話練習をする。
　　なんじに　おきるんですか・おきますか。
　　（　　　　）に　おきるんです・おきます。

文法の説明をする。
「おきる」と「する」の６つの活用形を示し、グループ２動詞の活用のし方を説明する。

再度６つの公式を確認する。
- (1) ない形＋んです
- (2) ます形（……ます、……ません）
- (3) 辞書形＋んです
- (4) ば形＋いいですか
- (5) よう形＋とおもいます
- (6) て形＋ください

教師が板書し、意味を説明する。

> なんじに　おきればいいですか。
> ごじはんに　おきてください。

会話練習をする。
　　なんじに　おきればいいですか。
　　（　　　　）に　おきてください。

教師が板書し、意味を説明する。

> なんじに　おきるんですか。
> しちじに　おきようとおもいます。

会話練習をする。
　なんじに　おきるんですか。
　（　　　　）に　おきようとおもいます。

「かいわ1」を練習

「する」について同様の手順で進める。

「かいわ2」を練習

宿題は、「おきる」と「する」の活用形を暗記すること。

●チャンさんのクラス（『みんなの日本語』第3課）

……は……です（か）
……は……じゃありません

【著者のコメント】
　第2週のコメントで述べたとおり、「……の……は……です」と「……は……の……です」を「……は……です」とは異なる新たな「文型」として提示する意味はまったくなく、無駄な授業と言って良いでしょう。また3週にわたり同じ文型「……は……です（か）」と「……じゃありません」だけを扱うという方針が私には理解できません。英語の場合なら、コプラであるbe-動詞は人称による変化や、疑問文での倒置など慣れるまで3〜4週間かかると思いますが、日本

語の「です・じゃありません」は1週間で覚えられると思うのです。せめて、より使用頻度の高い「……じゃないです」も教えればと思いますが。

　一方、従来の教え方では「て形」などは3～4週間かかる項目です。ですから「……てください」という文型を様々な補語を用いてじっくり教えるべきです。ところが、「て形」が慣れていないのに「……ています」「てもいいです」「てはいけません」などとどんどん新しい文型が導入されていくので、学習者は大きなプレッシャーを感じます。

4)　第4週（だい4か）

　グループ1動詞の「て形」の法則のうち、3つを導入します。

　第4週以降ではグループ1の動詞を増やしていきますが、「て形」が混乱せずにさまざまな動詞が覚えていけるよう、導入する動詞を選んであります。て形のパターンは活用ラインによって法則があるので、まず、活用ラインが「かきくけこ」、「がぎぐげご」、「さしすせそ」の動詞を新たに導入し（表3）、「て形」の法則3つを理解させます。

表3　活用ラインが「か行」、「が行」、「さ行」の動詞

ない形	きかない	およがない	はなさない
ます形	ききます	およぎます	はなします
辞書形	きく	およぐ	はなす
ば形	きけば	およげば	はなせば
よう形	きこう	およごう	はなそう
て形	きいて	およいで	はなして

また、7つ目の文型を導入し、文型(6)と(7)の練習をします。
　(7)　ない形＋でください

●リーさんのクラス

「動詞付き50音表」を使い動詞活用の練習をする。

一通り第3週の復習をする。

宿題の「おきる」と「する」の活用形をチェックする。

教師が板書し、意味を説明する。

> CDを　きいてください。
> なまえを　かいてください。

練習をする。
　（　　　　）を　きいてください。
　（なまえ・じゅうしょ・　　　　）を　かいてください。

文法の説明をする。
　活用ラインが「かきくけこ」の動詞の「て形」が「いて」の形になることを板書して説明する。

| か | きかない | かかない |
| き | ききます | かきます |

```
く    きく      かく
け    きけば    かけば
こ    きこう    かこう
いて  きいて    かいて
```

これまでに学習した6つの公式に当てはめる。
(1) ない形＋んです
(2) ます形（……ます、……ません）
(3) 辞書形＋んです
(4) ば形＋いいですか
(5) よう形＋とおもいます
(6) て形＋ください

```
きかないんです              かかないんです
こきます・ききません        かきます・かきません
きくんです                  かくんです
きけばいいですか            かけばいいですか
きこうとおもいます          かこうとおもいます
きいてください              かいてください
```

教師が板書し、意味を説明する。

```
ここでは　きかないでください。
いまは　かかないでください。
```

練習をする。
　　（　　　　）は　きかないでください。
　　（　　　　）は　かかないでください。

文法の説明をする。
　７番目の公式
　⑺　ない形＋でください

練習をする。
　公式⑹と⑺を使う。
　　（おんがく・CD・　　）を　きいてください。
　　（おんがく・CD・　　）は　きかないでください。
　　（ここ・そこ・きょうしつ）で　きいてください。
　　（ここ・そこ・きょうしつ）では　きかないでください。
　　（なまえ・　　　）を　かいてください。
　　（なまえ・　　　）は　かかないでください。
　　（ここ・　　　）に　かいてください。
　　（ここ・　　　）には　かかないでください。

「およぐ」について同様の手順で進める。
文法の説明をする。
　活用ラインが「がぎぐげご」の動詞の「て形」が「いで」の形になることを板書して説明する。

| が | およがない |
| ぎ | およぎます |

ぐ	およぐ
げ	およげば
ご	およごう
いで	およいで

7つの公式に当てはめ、練習する。
- (1) およがないんです
- (7) およがないでください
- (2) およぎます・およぎません
- (3) およぐんです
- (4) およげばいいですか
- (5) およごうとおもいます
- (6) およいでください

「およぐ」のほかに「いそぐ」、「ぬぐ」などを教えてもよい。

いそがない	ぬがない
いそぎます	ぬぎます
いそぐ	ぬぐ
いそげば	ぬげば
いそごう	ぬごう
いそいで	ぬいで

例
いそいでください。
くつを ぬいでください。

「はなす」について同様の手順で進める。

文法の説明をする。
　活用ラインが「さしすせそ」の動詞の「て形」が「して」の形になることを板書して説明する。

さ	はなさない
し	はなします
す	はなす
せ	はなせば
そ	はなそう
して	はなして

7つの公式に当てはめ、練習する。
　(1)　はなさないんです　　　(7)　はなさないでください
　(2)　はなします・はなしません
　(3)　はなすんです
　(4)　はなせばいいですか
　(5)　はなそうとおもいます
　(6)　はなしてください

「はなす」のほかに「かす」、「わたす」などを教えてもよい。

| かさない | わたさない |
| かします | わたします |

かす かせば かそう かして	わたす わたせば わたそう わたして

例
（　　　　）を　かしてください。
（これ・しゅくだい・しょるい・　　　）を　わたしてください。
（せんせい・しゃちょう・　　　）に　わたしてください。

「かいわ1」、「かいわ2」を練習。

宿題は、「きく」、「およぐ」、「はなす」の活用形を暗記すること。

●チャンさんのクラス（『みんなの日本語』第4課）

……は……Vます・ません・ました・ませんでした

【著者のコメント】
　動詞を導入するとき、「ます形」しか教えないということこそ、日本語学習を困難なものにする元凶です。たとえ「ます形」しか教えないとしても、「ます形」がいくつかの活用形の中の一つであることや、「ます形」は原形（辞書形）ではないので辞書には出ていないことには言及するべきだと思

います。また、ほとんどの教師は動詞の種類のことには一切触れません。こうして「ます形」だけを数週間、ひどい時には一学期中学習します。もちろん、「ます形」から簡単に作れる「……ましょう」、「……ませんか」なども導入するでしょうが、それがかえって「ます形」が動詞の基本なのだという誤解を一層深めることになるのです。

5）　第5週（だい5か　前半）

グループ1動詞の「て形」の4つ目の法則を導入します。

活用ラインが「たちつてと」、「らりるれろ」、「わいうえお」の動詞を新たに導入し（表4）、「て形」が「……って」となることを覚えさせます。

表4　活用ラインが「た行」、「ら行」、「わ行」の動詞

ない形	またない	かえらない	いわない
ます形	まちます	かえります	いいます
辞書形	まつ	かえる	いう
ば形	まてば	かえれば	いえば
よう形	まとう	かえろう	いおう
て形	まって	かえって	いって

●リーさんのクラス

「動詞付き50音表」を使い動詞活用の練習をする。

一通り第4週の復習をする。

宿題の「きく」、「およぐ」、「はなす」の活用形をチェックする。

新しい動詞の活用形を板書する。
　活用ラインが「たちつてと」、「らりるれろ」、「わいうえお」の動詞の「て形」が「って」の形になることを説明する。

た ら わ	またない	かえらない	いわない
ち り い	まちます	かえります	いいます
つ る う	まつ	かえる	いう
て れ え	まてば	かえれば	いえば
と ろ お	まとう	かえろう	いおう
って	まって	かえって	いって

7つの公式に当てはめ、練習する。
　⑴　まないんです　　　⑺　またないでください
　⑵　まちます・まちません
　⑶　まつんです
　⑷　まてばいいですか
　⑸　まとうとおもいます
　⑹　まってください

　⑴　かえらないんです　　⑺　かえらないでください
　⑵　かえります・かえりません
　⑶　かえるんです

(4) かえればいいですか
(5) かえろうとおもいます
(6) かえってください

(1) いわないんです　　　　　(7) いわないでください
(2) いいます・いいません
(3) いうんです
(4) いえばいいですか
(5) いおうとおもいます
(6) いってください

教師が板書し意味を説明する。

> まちましょう。
> かえりましょう。
> いいましょう。

練習をする。
　　（ここ・あそこ・　　　）で　まちましょう。
　　（バス・タクシー・　　）を　まちましょう。
　　（いっしょに・すぐ・　　）かえりましょう。
　　（でんしゃ・ちかてつ・　）で　かえりましょう。
　　（　　　　）いいましょう。

文法の説明をする。
　　8番目の公式

(8)　「ます形」の語幹＋ましょう

このほかに「あう」、「かう」、「おっしゃる」、「やる」なども教える。
　例
　　(1)　やらないんです　　　　(7)　やらないでください
　　(2)　やります・やりません　(8)　やりましょう
　　(3)　やるんです
　　(4)　やればいいですか
　　(5)　やろうとおもいます
　　(6)　やってください

学習者をペアにし、既出の動詞や語彙で8つの公式のいくつかを使い、小会話を作らせる。

「かいわ1」を練習
　こばやし：こんどの　にちようびに　ともだちと　テニス
　　　　　　を　やるんです。いっしょに　やりましょう。
　やまもと：なんじから　やるんですか。
　こばやし：よじから　ろくじまで　やるんです。
　やまもと：じゃ、なんじに　どこで　あえば　いいですか。
　こばやし：さんじ　よんじゅうごふんに　うえのえきで
　　　　　　あいましょう。
　やまもと：ここから　うえのまで　どうやって　いけば
　　　　　　いいですか。
　こばやし：ちかてつ　ぎんざせんで　いってください。

やまもと：わかりました。

　上記会話の下線部分の言葉を変えて会話練習する。

　宿題は、「まつ」、「かえる」、「いう」の活用形を暗記すること。

●チャンさんのクラス（『みんなの日本語』第5課）

……は……Vます・ません・ました・ませんでした

6）　第6週（だい5か　後半）
　グループ1動詞の「て形」の5つ目の法則を導入します。
　活用ラインが「なにぬねの」、「ばびぶべぼ」、「まみむめも」の動詞を新たに導入し（表5）、「て形」が「……んで」となることを覚えさせます。

表5　活用ラインが「な行」、「ば行」、「ま行」の動詞

ない形	しなない	よばない	よまない
ます形	しにます	よびます	よみます
辞書形	しぬ	よぶ	よむ
ば形	しねば	よべば	よめば
よう形	しのう	よぼう	よもう
て形	しんで	よんで	よんで

　なお、第4週以降では、グループ1動詞の「て形」の5種類のパターン（法則）「……いて」、「……いで」、「……して」、「って」、「ん

で」がしっかり定着できるよう、法則ごとに色分けしたプリント教材なども用いています。

●リーさんのクラス

「動詞付き50音表」を使い動詞活用の練習をする。

一通り第5週の復習をする。

宿題の「まつ」、「かえる」、「いう」の活用形をチェックする。

新しい動詞の活用形を板書する。
　活用ラインが「なにぬねの」、「ばびぶべぼ」、「まみむめも」の動詞の「て形」が「んで」の形になることを説明する。

な に ぬ ね の	ば び ぶ べ ぼ	ま み む め も
んで		

しなない しにます しぬ しねば しのう しんで	よばない よびます よぶ よべば よぼう よんで	よまない よみます よむ よめば よもう よんで

8つの公式に当てはめ、練習する。
　(1)　しなないんです　　　(7)　しないでください
　(2)　しにます・しにません　(8)　(しにましょう)

(3) しぬんです
(4) （しねばいいですか）
(5) （しのうとおもいます）
(6) （しんでください）

(1) よばないんです　　　　　(7) よばないでください
(2) よびます・よびません　　(8) よびましょう
(3) よぶんです
(4) よべばいいですか
(5) よぼうとおもいます
(6) よんでください

(1) よまないんです　　　　　(7) よまないでください
(2) よみます・よみません　　(8) よみましょう
(3) よむんです
(4) よめばいいですか
(5) よもうとおもいます
(6) よんでください

このほかに「のむ」なども教える。
(1) のまないんです　　　　　(7) のまないでください
(2) のみます・よみません　　(8) のみましょう
(3) のむんです
(4) のめばいいですか
(5) のもうともいます
(6) のんでください

例
　（おさけ・　　　）は　のまないんです。
　くすりは　いつ　のめばいいですか。（すぐ・あさ・　　）
　のんでください。
　（おちゃ・　　　）を　のみましょう。

学習者をペアにし、既出の動詞や語彙で8つの公式のいくつかを使い、小会話を作らせる。

「かいわ2」を練習

宿題は、「しぬ」、「よぶ」、「よむ」の活用形を暗記すること。

●チャンさんのクラス（『みんなの日本語』6課）

……Vませんか
……Vましょう

7)　第7週（だい6か）

　グループ2動詞を新たに3つ導入する（表6〔次頁〕）。

　グループ1動詞と違いグループ2動詞は、すでに「おきる」で学んだ法則がすべての動詞に適用されることを学習します。

表6　グループ2の動詞

ない形	ねない	たべない	みない
ます形	ねます	たべます	みます
辞書形	ねる	たべる	みる
ば形	ねれば	たべれば	みれば
よう形	ねよう	たべよう	みよう
て形	ねて	たべて	みて

●リーさんのクラス

「動詞付き50音表」を使い動詞活用の練習をする。

一通り第6週の復習をする。

宿題の「しぬ」、「よぶ」、「よむ」の活用形をチェックする。

すでに学習した「おきる」と他のグループ2動詞の活用形を板書する。

……ない	おきない	ねない
……ます	おきます	ねます
……る	おきる	ねる
……れば	おきれば	ねれば
……よう	おきよう	ねよう
……て	おきて	ねて

8つの公式に当てはめ、練習する。

(1)　ねないんです　　　　　(7)　ねないでください
(2)　ねます・ねません　　　(8)　ねましょう
(3)　ねるんです
(4)　ねればいいですか
(5)　ねようとおもいます
(6)　ねてください

(1)　たべないんです　　　　(7)　たべないでください
(2)　たべます・たべません　(8)　たべましょう
(3)　たべるんです
(4)　たべればいいですか
(5)　たべようとおもいます
(6)　たべてください

(1)　みないんです　　　　　(7)　みないでください
(2)　みます・みません　　　(8)　みましょう
(3)　みるんです
(4)　みればいいですか
(5)　みようとおもいます
(6)　みてください

教師が板書し意味を説明する。

> おすしを　たべませんか。
> いっしょに　みませんか。

練習をする。
　　（おすし・　　　　）を　たべませんか。
　　（ファミレス・　　　）で　たべませんか。
　　（えいが・　　　）を　みませんか。

文法の説明をする。
　　9番目の公式
　　(9)　「ます形」の語幹＋ませんか

既出の動詞を使って「……ませんか」とその答え方を練習する。
　　例
　　（肯定）
　　　　タクシーで　いきませんか。　　　そうしましょう。
　　（否定）
　　　　あした　えいがに　いきませんか。
　　　　すいません、あしたは　ともだちに　あうんです。

「かいわ1」と「かいわ2」を練習

学習者をペアにし、「かいわ1」や「かいわ2」を参考にし、自由に会話を作らせる。

これまでに学習した9つの公式を板書する。
　　その際、(1)と(7)は同じ行に、(2)と(8)、(9)は同じ行に書くこと。

例1（グループ1）

(1) やらないんです　(7) やらないでください
(2) やります・やりません　(8) やりましょう　(9) やりませんか
(3) やるんです
(4) やればいいですか。
(5) やろうとおもいます
(6) やってください

例2（グループ2）
(1) みないんです　(7) みないでください
(2) みます・みません　(8) みましょう　(9) みませんか
(3) みるんです
(4) みればいいですか。
(5) みようとおもいます
(6) みてください

宿題は、「ねる」、「たべる」、「みる」の活用形を暗記すること。

●チャンさんのクラス（『みんなの日本語』第7課）

……はV（ます・ません・ました・ませんでした）

【著者のコメント】
　こうして「……です・じゃありません」を3～4週間、動詞の「ます形」を数週間学び、学習者は「です・ます」が完璧に使えるようになります。しかしこの教科書に限らず、どの教科書も学校も、ほかの形「ない形」や「て形」など

> に単独で数週間かけているようなケースはありません。たとえ、各活用形の学習に数週間ずつかけるとしても、脳科学の観点からみると、初期に学習した「です・ます」のようには容易に覚えられず、会話の中で口をついて出てくるようにはなりません。

最小限の文型やルールで多くの文をつくる

　以上、みてきたように述語や文型だけに着目してみると、「リーさんのクラス」では、ここまで7週間で「です」と、動詞に関しては6つの活用形と9つの公式を学習したわけです。ちょっと見ると内容が多すぎるように感じるかもしれませんが、毎回「動詞付き50音表」を練習して活用が刷り込まれてきているので、4週目、5週目、6週目は本当に楽です。語彙を増やして同じこと（公式）を繰り返しているだけです。
　一方、「チャンさんのクラス」では、7週目までで「です」と動詞の「ます形」及び「ます形」から作れる「ませんか・ましょう」しか学んでいません。しかも「ます形」以外にも活用形があることや、動詞には種類（グループ1、2など）があることは知りません。脳の海馬が最もよく働く最初の数週間で本当にもったいない話です。
　また、『ニュー・システムによる日本語』では、補語の概念もかなり普遍的法則として教えますので、一つの文型で多くのことが表現できるようになります。
　たとえば動詞文の場合、動詞に対する補語（連用修飾語）の序列や位置は基本的に平等とし、

```
┌──────┐
│ 時    │
│ 場所  │
│ 主語  │
│ 目的  │    ＋  動詞
│ 目的語│
│ 方向  │
│ その他│
└──────┘
```

のようにイメージさせ、必要な補語のみ置けばよいとします。ですから「……で……をV」、「……に……がV」などといったパターンは文型として教えません。文型として教えてしまうと学習者はそれにとらわれ、そのように文を作らなければいけないと誤解してしまうからです。そこが、場所を示す言葉や目的語の位置が明確に決まっている英語などとは違うところです。ですから『ニュー・システムによる日本語』で教える場合、補語が1つだけの文をたくさん練習します。たとえば「テレビを見るんです」「どこで見るんですか」「部屋で見ます」という感じです。慣れてくると補語を2つ以上使えるようになりますので、「……で……をV」などを教える必要はありません。

　また、第3部で扱いますが、補語の一つがトピックになる場合の「は」の使い方も普遍的ルールとして教えます。つまり、トピックが主語だけというような偏った教え方はしません。

　要するに最小限の文型やルールで、できるだけ多くの文が作れるよう指導しますから、従来のように似たようなことをいちいち異なる文型にして教えるという無駄が省けます。

動詞文に関して比較してみると次のようになります。

【『ニュー・システムによる日本語』で教える文型】
補語は必要なものだけ置く

```
┌─────────┐
│ 時        │
│ 場所      │
│ 主語      │
│ 目的      │  ＋  動詞
│ 目的語    │
│ 方向      │
│ その他    │
└─────────┘
```

【従来の教科書で教える文型】
　　……は……にV
　　……は……をV
　　……で……をV
　　……に……をV
　　……に……がV
　　……の……に……がV
　　その他無数

　こうして最初の数週間で最も大切な動詞の活用などを教えたあとは、学習者のワクワク感も少しずつ落ち着いて来たり、やる気モードが下がってくることを見越し、簡単に暗記できることや単純なことを教えます。授業の内容と脳の吸収力のバランスをとる

わけです。

　初心者が学習を始めてからわずか数週間で動詞のグループ１、グループ２、「くる」、「する」について６つの活用形が頭に刷り込まれていることは、従来の日本語教育では考えられないことです。

　いつも日本語教師のみなさんは、学習者に向かうと条件反射のように「ます形」だけで話しています。『ニュー・システムによる日本語』で指導すれば、もうそんな不自然なことはする必要がないのです。自然な日本語で話して良いのです。学習者からも自然な日本語が返ってきます。日本語本来のシステムに則って指導することが、どれだけ自然でやりやすいかを味わってください。

　また、こうした基本ができていると、その後の学習がいかに楽になるか、いかにスピードアップできるか想像に難くないと思います。

８週目（第７課）から１１週目（第１０課）

『ニュー・システムによる日本語』での第８週以降の述語に関する学習項目と会話は次の通りです。

１）　第８週（だい７か）　可能形
　　かいわ　１
　　　いしかわ：ごめんください。
　　　かわかみ：はい、どなたですか。
　　　いしかわ：いしかわです。
　　　かわかみ：どうぞ、おはいりください。

いしかわ：かわかみさん、こちらは　スミスせんせいです。
　　　　　　　えいごの　せんせいです。
　　スミス　：スミスです。はじめまして、よろしく　おねがいします。
　　かわかみ：かわかみです。どうぞ　よろしく。スミスせんせいは　にほんごは　はなせますか。
　　スミス　：はい、すこし　はなせます。

　かいわ　2
　　リンダ　：マイケルさんは　にほんりょうりは　たべられますか。
　　マイケル：ええ、すこし。でも、さしみや　すしは　ぜんぜん　たべられません。
　　リンダ　：あさって　うちで　ごもくずしを　つくるんです。きませんか。
　　マイケル：ごもくずしって　なんですか。
　　リンダ　：おすしです。でも　なまじゃありませんよ。だから、だいじょうぶです。
　　マイケル：そうですか。
　　リンダ　：しちじごろ　うちへ　こられまか。
　　マイケル：はい、いけます。

2）　第9週（だい8か）「いる」、「ある」
　かいわ　1（でんわで）
　　チャン　：もしもし。
　　じむいん：にほんぼうえきです。

```
チャン　：チャンと　もうしますが、たなかさんは　いら
　　　　　っしゃいますか。
じむいん：すみません、いま　おりません。
チャン　：じゃ、おりかえし　でんわを　おねがいします。
じむいん：おでんわばんごうは　なんばんですか。
チャン　：６７３７　の　３６０１です。
```

かいわ　２
```
はるこ：さあ、おひるを　たべましょう。
あきこ：きょうは　パンが　ないんです。
はるこ：じゃ、おそばを　たべましょう。
あきこ：おそばは　どこに　あるんですか。
はるこ：おおきい　はこの　なかに　ありますよ。
あきこ：おおきい　はこは　どこに　あるんですか。
はるこ：たなの　うえに　あります。
あきこ：あら、はこの　なかには　なにも　ありませんよ。
はるこ：へんですね。じゃ、そとで　たべましょう。
```

3）　第10週（だい9か）　名詞文
　かいわ　1（すしやで）
```
スミス　：これは　なんですか。
いたまえ：それは　まぐろです。
スミス　：そのあかいのも　さかなですか。
いたまえ：いいえ、これは　さかなじゃないんです。かい
　　　　　です。
スミス　：その　しろいのは　なんですか。
```

いたまえ：いかです。
　　スミス　：みんな　なまなんですか。
　　いたまえ：はい、そうです。

　　スミス　：ごちそうさまでした。
　　いたまえ：ありがとうございました。また、どうぞ。

　かいわ　2
　　チャン：どこに　すんでいるんですか。
　　ほんだ：めぐろです。めぐろは　しっていますか。
　　チャン：はい、ともだちの　コーさんが　めぐろに　すんでいるんです。しずかなところですね。コーさんを　しっていますか。
　　ほんだ：しりません。そのひとも　にほんごが　はなせるんですか。
　　チャン：いいえ、かんたんな　ことばしか　わからないんです。

4）　第11週（だい10か）形容詞文
　かいわ　1
　　リー（りー）：うちに　あたらしい　DVDが　あるんです。いっしょにみませんか。
　　コー（こー）：なんの　DVDですか。
　　リー：こうはくうたがっせんです。こんや　ひまですか。
　　コー：こんやは　つごうが　わるいんです。
　　リー：じゃ、あしたは　どうですか。

コー：あしたの　よるは　ひまです。
　リー：じゃ、うちへ　きてください。
　コー：なんじに　いけば　いいですか。
　リー：はちじごろ　きてください。

かいわ　2
　ほんだ：リンダさん、にほんごは　むずかしいですか。
　リンダ：いいえ、あまり　むずかしくありません。とても
　　　　　おもしろいです。
　　　　　でも　もじが　たくさん　ありますね。
　ほんだ：ひらがなは　かけますか。
　リンダ：はい、ぜんぶ　かけます。
　ほんだ：かたかなや　かんじは　どうですか。
　リンダ：まだ　ぜんぜん　かけません。でも　もうすぐ
　　　　　ならうんです。
　ほんだ：そうですか。がんばってください。

　ここまで第1課から第10課で日本語の基本的原理を学びました。このあとは応用ですから学習が楽になります。

12週目（第11課）以降：原理から応用へ

　『ニュー・システムによる日本語』は第20課までありますが、第11課からはまず動詞文、名詞文、形容詞文の過去形を学習します。動詞の過去形は、現在形がわかっていれば下記のように簡単に習得できます。ですから海馬の働きが落ちてきても容易に習

143

得でき、学習を継続することができるのです。

　過去形のほかに「すき・きらい（だ）」、「ほしい」、「……たい」を学習しますが、これらは、な‐形容詞文、い‐形容詞文として扱います。

	現在・未来	過去
普通体（否定）	……ない	……なかった
ます	……ます／ません	……ました／ませんでした
普通体（肯定）	「辞書形」	「た形」（「て形」と同じルール）

　第20課までを終えると、その続きとして未出版ですが第21課から第50課まであります。可能形を含めて7つの活用形と過去形をすでに学習しているので、第21課以降は学習者の負担が大きく減らされています。新しい文型を導入していきますが、ほとんどの文型が既習の活用形でできるからです。

　一方『みんなの日本語』では、動詞に関して「て形」が第14課、「ない形」が第17課、「辞書形」が第18課、「た形」が第19課、「……なかった」が第20課、可能形が第27課、「よう形」が第31課、「ば形」が第35課に導入されています。その他命令形、禁止形が第33課に導入されています。

補足：
グループ1動詞とグループ2動詞の見分け方

　学習者は動詞を正しく活用させるために、「くる」、「する」、サ変動詞以外の動詞がグループ1かグループ2かを見分ける必要

があります。ここではその見分け方について考えてみましょう。

　学習者が新しい動詞に出会うときは、様々な活用形で出会うことが想定されますから、主要ないくつかの活用形からその動詞のグループを判断できなければなりません。グループが判断できれば学習者は正しく他の活用形への変換もできます。そして辞書形も作ることができますから辞書で意味を調べることもできるわけです。そこで学習者のために「グループ1動詞とグループ2動詞の見分け方」を6つの活用形それぞれで示しました。

1) 「ない形」から見分ける方法
　　A.「ない」の直前の音節が「-a」ならばGroup-1
　　B. それ以外はGroup-2
2) 「ます形」から見分ける方法
　「ます」の直前の音節は「-i」か「-e」である。
　　A.「-i」の場合は不明*。ただし、一音節ならGroup-2
　　B.「-e」の場合はGroup-2
3) 「辞書形」から見分ける方法
　　A.「る」以外で終わる場合Group-1
　　B.「る」で終わる場合
　　　1.「る」の直前が「-a」、「-u」、「-o」の場合はGroup-1
　　　2.「る」の直前が「-i」、「-e」の場合は不明*
4) 「ば形」から見分ける方法
　　A.「……れば」以外の場合はGroup-1
　　B.「……れば」の場合は不明
5) 「よう形」から見分ける方法
　　A.「……よう」以外の場合はGroup-1
　　B.「……よう」の場合はGroup-2

6) 「て形」から見分ける方法
   A.「……いで」「……して」「……って」「……んで」ならば Group-1
   B.「……いて」の場合は不明（ただし、初級で学ぶ動詞はすべて Group-1）
   C. それ以外の場合は Group-2

＊　上記(2)Aと(3)Bに「不明」とありますが、(2)Aの場合、グループ1動詞の全てと、グループ2動詞については初級で学習する動詞は「あびます」、「生きます」、「起きます」、「降ります」、「借ります」、「過ぎます」、「足ります」、「できます」の8つです。また、(3)Bについてはほとんどがグループ2動詞で、初級で学習するグループ1動詞は「入る」、「知る」、「走る」、「切る」、「帰る」ぐらいです。

　ここで注意しなければならないのは、「グループ2の動詞は -iru か -eru で終わります」などと、必要条件か十分条件かはっきりしない説明の仕方をしてしまうことです。すると学習者は「-iru か -eru で終わればグループ2なのだ」と早合点してしまいます。-iru か -eru で終わることはグループ2の必要条件でしかありません。

第3部
「『は』と『が』」の疑問が一瞬で消える

「は」と「が」だけを比べるとわからなくなる

　日本語能力のレベルが上級またはそれ以上になっても、不自然な日本語を話す学習者が多くみられます。その原因の一つは、「は」の使い方が明確になっていないことです。

　私が日本語を教え始めて間もないころ、一人の青年が学校に問い合わせに来ました。その青年は「上級クラスはありますか」と言うべきところを、「あなたの学校に上級クラスがありますか」とたずねたのです。単語「あなたの」の使い方は言うまでもありませんが、文全体が明らかに不適切です。トピックの概念がわかっていないことが一目でわかります。これは母語の干渉を受けているのかもしれませんが、教科書や授業で学んだ通りに話しているとも言えます。その後、似たような不自然な日本語を何度も耳にするようになり、これは指導法そのものの問題であると確信しました。

　学習者も教師も口をそろえて「『は』と『が』の違いがむずかしい」と言います。「『は』と『が』」については数えきれないほどの文献と「説」があります。ところが、「は」と「が」をいきなり比べること自体が間違っているのです。比べなければ問題など起こりません。その証拠に、「は」と「を」を比べる人はいませんし、「には」と「に」を比べる人もいませんから「『は』と『を』」の問題や「『には』と『に』」の問題など起こっていないのです。どうしても比べたいなら、「『は』と『を』」、「『には』と『に』」、「『では』と『で』」なども同時に比較するべきです。そうすると、「は」の機能と使い方がわかるはずです。

比較しなければならないのは副助詞と格助詞です。その違いが分かれば自然に（演繹的に）「は」と格助詞、さらに「は」と「が」の違いが分かるのです。

　まず「『は』と『が』」の見当違いの問題意識と教え方の問題を見てみます。そして世界一シンプルな「は」の法則と教え方をご紹介します。

現行教科書による問題

　多くの初級の授業では、「は」と格助詞との違いが明確にされておらず、最初に導入される「は」に対する正しい認識がないまま学習を続けることになります。その結果、後に「が」が導入された直後から「『は』を使うか『が』を使うか」という疑問が発生してしまいます。「は」は副助詞であり、副助詞と格助詞はまったく種類の異なるものです。副助詞と終助詞が異なる種類であるのと同じです。どちらを使うか選択したり、代わりに使ったりするものではありません。ですから副助詞を使うか格助詞を使うか、という考え方はまったく見当違いであり、本来存在しないはずの問題だと言えます。英語で言うなら、冠詞を使うか前置詞を使うかなどという問題が存在しないのと同じです。

　ここでは、副助詞と格助詞の違いを明確にすることにより、学習者が発話する際に「は」が的確に使えるようになる指導法を紹介します。

「は」の使い方についての学習者の混乱過程

　ではまず、「は」の使い方について学習者が混乱していく過程を見てみましょう。

　多くの初級の教科書や授業では、入門段階で「○○は××です」のような文型が導入され、「は」はトピックを示すという説明が見られます。しかし主語がトピックになっている文ばかりを扱うため、あたかも「は」は主語のマーカーであるというような印象を与えてしまいます。その後動詞の学習に進み格助詞が導入され、「○○は……で／を／に V」というような文型を練習するのですが、「は」と格助詞との違いは明確にされません。そして、「は」が正しく理解されないまま「あります」の課に突然「が」が導入されるという具合です。そのとき「が」が主語に使われるという説明をしますが、ではなぜ今まで学習した文型には主語に「が」ではなく「は」を使ったのかという疑問が発せられるのです。少なくともこの時点で「は」と格助詞の違い、副助詞と格助詞の違いをはっきりさせておかないと、この疑問は後々まで繰り返し発せられ、上級またはそれ以上になっても「は」が的確に使えるようにならないのです。

　学習者の頭の中は次頁の図のようになっているのではないかと思います。

学習者の頭の中（格助詞と「は」が混在）

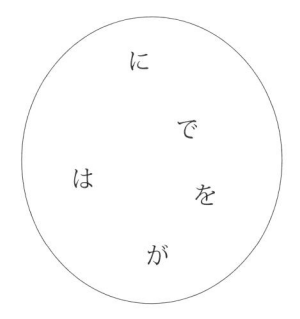

```
        に
            で
    は          を
            が
```

これはちょうど、毎日必要な栄養素の中に異質なものが混在しているのと同じです。

```
    タンパク質
    炭水化物
    風邪薬
    ビタミン
    ミネラル
```

風邪薬は必要な時だけ追加するものです。ですから種類がまったく違うので、下図のように分類されるべきです。

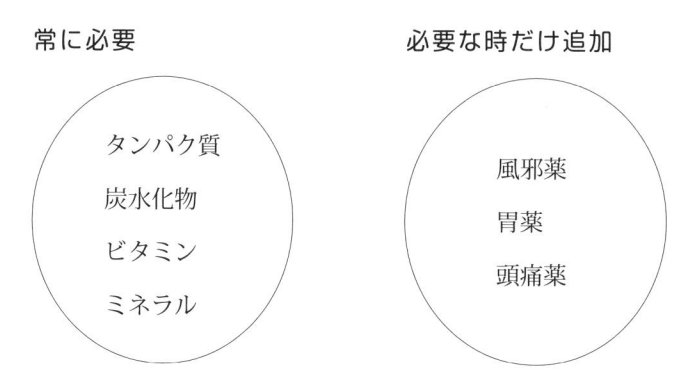

常に必要　　　　　　　　必要な時だけ追加

```
  タンパク質              風邪薬
  炭水化物                胃薬
  ビタミン                頭痛薬
  ミネラル
```

格助詞と副助詞の関係も同じです。

図1

　　　常に必要　　　　　　　必要な時だけ追加

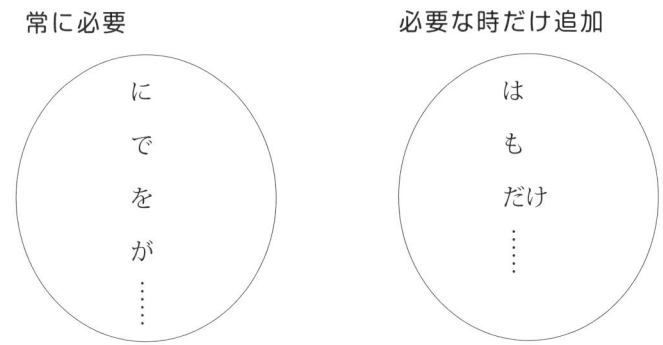

　　　に　　　　　　　　　　は
　　　で　　　　　　　　　　も
　　　を　　　　　　　　　　だけ
　　　が　　　　　　　　　　……
　　　……

　学習者の頭の中が最初に示した図のようになってしまったのは、副助詞と格助詞の違いをあいまいにし、「は」の機能をきちんと教えてあげなかったためですが、その過程には、大切な格助詞「が」を矮小化させていくプロセスも密接に絡んでいます。

　結論から言うと、問題の原因は次の2点です。

① 「が」を「あります」とのみ使っているため、「が」の主語のマーカーとしての普遍性が理解されず、「が」が「あります」以外の動詞と使えなくなる。

② 主語以外がトピックになっている文を教えないため、目的語その他のことばに「は」が使えなくなる。

　一つずつ詳しく見ていきましょう。

1　①について、動詞と格助詞導入の問題点

　動詞を導入するときには、その動詞とよく使われる格助詞が導入されます。例えば移動を表す動詞「行く」や「帰る」には方向を示す「へ」が導入されます。

（例1）（わたしは）　がっこうへ　いきます。
（例2）（たなかさんは）　うちへ　かえります。
　また、他動詞を導入する際は目的語を示す「を」が導入されます。
（例3）（○○さんは）　ごはんを　たべます。
（例4）（○○さんは）　ほんを　よみます。
　そしてさまざまな動詞と、場所や時を示す「に」、「で」、「から」などが導入されます。（　）の部分は主語を付ける場合に言いますが、あったりなかったりします。概ねここまでで、学習者は「は」は主語を示すマーカーであると誤解します。
　その後「あります」が導入され、主語を示すマーカーとして「が」が使われます。ですが、「が」が他の動詞と一緒に使われる文を教えないので、学習者は「が」を「あります」とともにしか使わなくなります。さらにこの傾向が進み、「が」と「あります」を常に一緒に使うようになってしまいます。なお、これは「あります」を他の動詞より先に導入した場合でも同様で、他の動詞を教えるときに「が」は使われていません。
　これは、他の格助詞「を」、「に」などが多くの動詞とともに使われることを学習するのと対照的です。こうして主語のマーカーとしての「が」の存在が矮小化されてしまいます。本来、自動詞にも他動詞にも、意志動詞にも無意志動詞にも、さらに名詞文にも形容詞文にも使われるもっとも使用範囲が広い「が」がきちんと理解されなくなり、間違って「は」を使ってしまうという混乱が生じるのです。

2　②について、トピックとトピックマーカー「は」とは
　図1で示したように、まず格助詞と副助詞の違いを明確にして

おく必要があります。副助詞はある言葉に何らかの意味や働きを与えたいときにのみ追加して用いる助詞であり、初級では「は」、「も」、「だけ」などを学習します。用言との関係を示す格助詞とはまったく異なり、副助詞には主語、時、場所などを示す働きはありません。ですから、格助詞の代わりに副助詞を使うことはできません。

では、どんなときに副助詞「は」は追加されるのでしょうか。

日本語では、あることについて話したいまたは聞きたいとき、その言葉に副助詞「は」を付けてトピックにします。何度も言うようですが、「は」は追加して使われる助詞なので、すでに使われている格助詞はそのまま（『が』と『を』の脱落については159頁の表1参照）です。トピックすなわち「は」が付加される言葉は、述語とどのような関係をもってもよいのです。つまり、主語でも目的語でも時などを表す連用修飾語でもよいのです。また述語となる用言でもよく、用言の場合は「普通体＋の」に「は」を付けてトピックにします。（例：「○○さんと北海道へ行くんです」「北海道へ行くのは来週ですか」）

しかし、従来の教科書ではこのような普遍的ルールを教えず、主語をトピックにした文、例えば「○○さんは……を／で／に V」のようなものばかり扱っています。そのため日本人が通常話す「お昼は会社で食べました」、「田中さんにはあした会います」、「四月には桜が咲きます」などのような使い方はできるようになりません。

文中のどの成分でもトピックになり得るということを教える前に、日本語の文の構造について教師が正しい認識をもち、学習者に正しく理解させなければなりません。

1) 日本語の構文

「は」の普遍的性格を明らかにする前に、日本語の文はどのような構造なのか見てみます。

「日本語の文はもともと述語及び必要な修飾語のみから成る」と言うべきでしょう。複雑な文もユニットはそうなっています。ここで「必要な」というのは「情報として必要」ということで、「文法的に必須」という意味ではありません。また、修飾語というのは、主語、目的語などを含めた連用修飾語のことです。もちろん、連用修飾語がなく述語だけでも文になります。そして、連用修飾語の中では、主語、目的語、他の修飾語は全く同等であり、主語が他のことばより重要であるとか省略できないということはないのです。これは、英語の構文SVOなどにおいてはSやOが必須であり省略できないというのとはまったく異なります。したがって、もし「N1でN2をV」、「N1にN2がV」などという「文型」を導入したいならば、それらが固定的な構文ではないことも教えるべきです。イメージとしては下図のようになります。

```
┌─────────────────┐
│ 時              │
│ 場所            │
│ 主語            │       ＋   述語
│ 目的語          │
│ 目的            │
│ その他の連用修飾語 │
└─────────────────┘
```

2) トピックのある文

　こうした日本語の構文を確認したうえで、文中のある言葉がト

ピックとなった場合を考えてみましょう。先に述べたように、連用修飾語がトピックになる場合と、述語（連用修飾語を伴ってもよい）がトピックになる場合がありますが、本書では前者のみ扱います。

　さて、連用修飾語（一つまたはそれ以上）がトピックとしてとりあげられると、それぞれ助詞「は」を伴います。ここでは、連用修飾語一つがトピックになった場合のみを扱います。

　トピックは「○○は」と表わされ、文は「○○は」と残りの部分とに分かれます。「○○は」は文頭に置かれる場合が多いのですが、文頭というより、「は」は電球の役目をして上から残りの部分を照らしているイメージです。

　トピックのある文

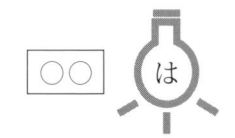

○○　は

○○について述べたい又は知りたい情報

例を挙げてみましょう。

　　例）夏休みに　教会で　友達が　日本語を　教える

この文は4つの連用修飾語をもち、イメージとしては、

夏休みに
教会で　　　＋　教える
友達が
日本語を

のようになっています。

4つの連用修飾語の各々がトピックになる場合を見ていきます。

(1)「夏休みに」がトピック

夏休みに は

教会で 友達が 日本語を 教える

(2)「教会で」がトピック

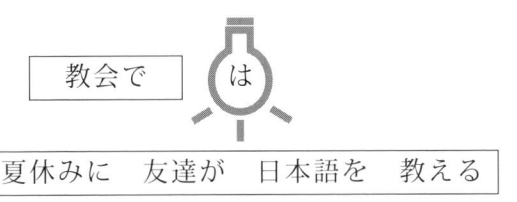

教会で は

夏休みに 友達が 日本語を 教える

(3)「友達が」がトピック

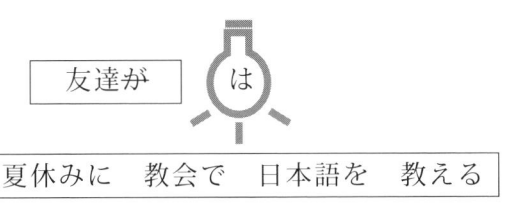

友達が は

夏休みに 教会で 日本語を 教える

(4)「日本語を」がトピック

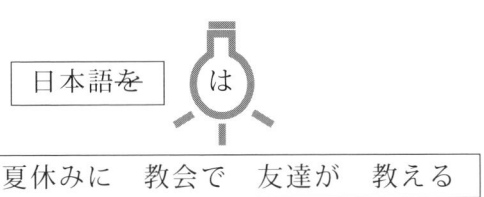

日本語を は

夏休みに 教会で 友達が 教える

いま図解したことを記号で表し、一般化してみましょう。

連用修飾語と述語の結びつきを＊で表すと、一つの述語をもつ文は、

　　　（時を表す言葉　場所を表す言葉　主語　目的語……）＊述語

となります。

ここで、述語の集合をP、連用修飾語の集合をMとし、pをPの要素、$m_1, m_2 \cdots$をMの要素とします。

例えば、「日本語を教える(i)」という文は、「教える」という述語に対し「日本語を」という目的語一つを連用修飾語にもち、「夏休みに日本語を教える(ii)」という文は「教える」に対して「夏休みに」と「日本語を」という二つの連用修飾語をもちますから、(i)と(ii)はそれぞれ $(m_1)*p$、$(m_1 m_2)*p$　と表せます。

図解した例文「夏休みに教会で友達が日本語を教える」は、4つの連用修飾語をもつので、

　$(m_1 m_2 m_3 m_4)*p$　　　　[B]

と表せます。

図解したことをもう一度、今度は記号を用いて見ていきます。

(1)　m_1 がトピックになった場合

　「夏休には」とそれ以外の部分に分かれ、

　　（夏休には）　（教会で友達が日本語を）＊ 教える

となります。これは、$(m_1 ＋ は)$　$(m_2 m_3 m_4)*p$　と表せます。

(2)　m_2 がトピックになった場合

　「教会では」とそれ以外の部分に分かれ、

　　（教会では）　（夏休みに友達が日本語を）＊ 教える

となります。これは、$(m_2 ＋ は)$　$(m_1 m_3 m_4)*p$　と表せます。

(3) m_3 がトピックになった場合

「友達が」とそれ以外の部分に分かれ、

(友達がは)(夏休みに教会で日本語を)* 教える

となります。これは、$(m_3 + は)(m_1 m_2 m_4)^* p$ と表せます。

(4) m_4 がトピックになった場合

「日本語を」とそれ以外の部分に分かれ、

(日本語をは)(夏休みに教会で友達が)* 教える

となります。これは、$(m_4 + は)(m_1 m_2 m_3)^* p$ と表せます。

以上みてきたことをまとめると、[B] の連用修飾語の一つがトピックになった場合、

$(m'_1 + は)(m'_2 m'_3 m'_4)^* p$　　　　[B']

と表せます。ここで、集合(m'_1, m'_2, m'_3, m'_4)は集合(m_1, m_2, m_3, m_4)に等しく、順序が変わっただけです。4つの連用修飾語は平等であると言えます。

なお、(3)、(4)にあるように「が＋は＝がは」、「を＋は＝をは」という法則があります。「が」と「を」は形の上では脱落しますが働きは存続します（表1参照）。

表1

格助詞	格助詞＋「は」
「へ」	「へ」＋「は」＝「へは」
「に」	「に」＋「は」＝「には」
「が」	「が」＋「は」＝「がは」
「を」	「を」＋「は」＝「をは」
「で」	「で」＋「は」＝「では」
助詞なし*	0 ＋「は」＝「は」

*「助詞なし」というのはある種の副詞または他の連用修飾語の場合である。

さて、4つの連用修飾語をもつ例文を見てきましたが、これを一般化してみましょう。
　述語一つとn個の連用修飾語をもつ文は、
　$(m_1 m_2 \cdots m_n)*p$　　　　[A]
　と表せます。
　文 [A] において、連用修飾語の一つがトピックになった場合、
　$(m'_1 + は)(m'_2 m'_3 \cdots m'_n)*p$　　[A']
　と表せます。ここで、集合 $(m'_1, m'_2, m'_3, \cdots, m'_n)$ は集合 $(m_1, m_2, \cdots, m_n)$ に等しく、単に並べ方が変わっただけです。n個の連用修飾語は平等であると言えます。
　以上のことから、文中のどの成分でもトピックになり得ることが確認できました。

問題解決と指導法

　これらを踏まえ、先に提起した2つの問題点
　　① 「が」を「あります」とのみ使っているため、「が」の主語のマーカーとしての普遍性が理解されず、「が」が「あります」以外の動詞と使えなくなる。
　　② 主語以外がトピックになっている文を教えないため、目的語その他のことばに「は」が使えなくなる。
　を解決する教え方を紹介したいと思います。
　動詞と格助詞を導入する際、「は」を混在させない文型から教えます。その次に「は」のつけ方を指導します。即ち、ある言葉をトピックにする場合はその言葉に「は」を追加し、通常文頭に置くことを指導します。このとき、「が＋は＝がは」、「を＋は＝

をは」のルールがあり、「が」と「を」は形の上では脱落しますが、「は」の陰に隠れただけであり、働きは存続することを理解させます。「に＋は＝には」となる場合もありますが、初級段階でどこまで教えるかは教師の判断に委ねます。なお「1)　日本語の構文」（本書155頁）に記したように、その言葉を言う必要がなければ省略したほうが自然です。

　また、トピックの概念の範疇ですが、質問に否定で答えるときに次の会話例のように、否定する言葉に「は」を付ける練習をすることも自然な日本語を話すのに効果的です。

　　　　問：○○さん、あした　いきますか。
　　　　答：わたしは　いきません。（「わたし」を否定）
　　　　　　あしたは　いきません。（「あした」を否定）

　私の場合は、否定する言葉に「は」を付けるルールを先に教えて練習します。下記例文の(A)で示したものです。
『ニュー・システムによる日本語』では６つの活用形を最初から教えているので、ここの例文にもそれらを用います。

⑴　方向を示す「へ」
　　　どこへ　いくんですか。
　　　おおさかへ　いくんです。
　　方向を示す言葉をトピックにする。
　　　(A)　X：かいしゃへ　いくんですか。
　　　　　 Y：いいえ、かいしゃへは　いかないんです。
　　　(B)　X：どこへ　いくんですか。
　　　　　 Y：ゆうびんきょくへ　いくんです。
　　　　　 X：ぎんこうへは　いつ　いくんですか。

　　　　　　Y：ぎんこうへは　あした　いくんです。

(2)　時を示す「に」
　　　じゅういちじに　きてください。
　　　なんようびに　いけば　いいですか。
　　　時を示す言葉をトピックにする。
　　　(A)　X：きょうかいへは　にちようびに　いくんですか。
　　　　　　Y：いいえ、にちようびには　いかないんです。
　　　(B)　X：まいにち　がっこうへ　いくんです。でも　にちようびには　いかないんです。
　　　　　　Y：にちようびには　なにを　するんですか。
　　　　　　X：にちようびには　きょうかいへ　いきます。

(3)　主語を示す「が」
　　　だれが　いくんですか。
　　　わたしが　いきます。
　　　だれが　くるんですか。
　　　ジョンさんが　くるんです。
　　　主語をトピックにする
　　　(A)　X：きむらさんが　いくんですか。
　　　　　　Y：いいえ、きむらさんがは　いかないんです。
　　　(B)　X：にほんへは　だれが　いくんですか。
　　　　　　Y：たなかさんが　いくんです。
　　　　　　X：たなかさんがは　いつ　いくんですか。

(4)　目的語を示す「を」

なにを　するんですか。
　　　しゅくだいを　しようとおもいます。
　　目的語をトピックにする
　　　(A)　X：きょう　テニスを　するんですか。
　　　　　 Y：いいえ、テニスをは　しません。
　　　(B)　X：なにを　するんですか。
　　　　　 Y：テニスを　するんです。
　　　　　 X：テニスをは　どこで　するんですか。

(5)　その他「で」、「から」などを導入するときも同様の手順で教えます。

　このように格助詞一般と「は」を区別して指導すると、学習者はトピックの概念が理解でき、「は」を追加するかどうか、つまり「へ」を使うか「へは」を使うか、「に」を使うか「には」を使うか、「が」を使うか「がは」を使うか、「を」を使うか「をは」を使うかなどと判断できるようになります。従って、矮小化された「『が』と『は』」の問題は発生する余地がなくなります。

　また、そのように学習すると、「○○は」という言葉を耳にしたとき、「は」の陰に「が」があるのか「を」があるのかまたはゼロ格助詞（助詞なし）なのかがわかるようになります。

　副助詞は格助詞の代わりに使うのでなく、追加して用いるものであることが理解できていると、後に学習する「も」なども理解しやすくなります。

間違った説明が混乱を招く

1 《「は」の用法として対比、排除（排他）》の疑問

　従来から、「は」の用法として対比、排除（排他）などの説明が見られますが、それらは普遍的ルールではありません。

　たとえば、「山田さんはコーヒーを飲む」という文があったとしましょう。これは発話される状況により、「みなそれぞれ好きな飲み物を飲み、山田さんはコーヒーを飲む」、「佐藤さんは紅茶を飲むが、一方山田さんはコーヒーを飲む」、「誰一人コーヒーは飲まないが、山田さんだけはコーヒーを飲む」などとなります。状況や発話の際のアクセントの置き方がわからなければ意味合いは特定できないのですから、状況やアクセントが対比や排除を表しているわけで、「は」が表しているのではありません。最大公約数としての「山田さんについて言えば」、つまり「『は』の付いた言葉がトピックである」という説明のみが普遍的なものです。たまたま、「今日は行きますが、あしたは行きません」などのように対の文で対比になっているケースもありますが、その場合でも、単に前半では「今日」がトピック、後半では「あした」がトピックになっていて、それぞれのトピックについて「行きます」、「行きません」が言いたいことである、というだけの話です。そもそもこの文で「対比」を示しているのは接続助詞「が」です。

　なお、文献によっては「が」が排除を表すという記述もありますが、格助詞に排除の働きなどありません。アクセントの置き方により同じ文でも意味合いが変わるのは、英語など他の言語にも普通に見られることで、単語自体の働きではありません。

2　《既知の情報に「は」、未知の情報に「が」》の誤り

　また、既知の情報に「は」、未知の情報に「が」を使うという理論も正しくありません。ある命題が誤りであることを証明するには例外を一つ示せば十分です。例外を示しましょう。
「昔々あるところにおじいさんとおばあさんが住んでいました。おじいさんは山に芝刈りに行きます。おばあさんは川に洗濯に行きます。ある日、おじいさんが病気になりました。おばあさんは心配になりました。……」後の方の「おじいさん」に「は」が使われていないことからもわかるように「は」は「既知語マーカー」などではありません。「○○は」の後の部分が「○○」について伝えたい情報であること、つまり「は」はトピックマーカー以上でも以下でもありません。

3　《名詞文、形容詞文には「は」、動詞文には「が」》の誤り

　さすがに最近は目にしなくなりましたが、名詞文、形容詞文には「は」が使われ、動詞文には「が」が使われるというような誤った記述もあります。文の種類などには関係ないということを二組の例で示します。
　ホテルの部屋に入った人が、「テレビが日本製だ」（名詞文）、「窓が大きい」（形容詞文）、「熱いお湯が出る」（動詞文）と言うのはごく自然な発話です。また、Aさんの印象について、「Aさんは外国人だ」（名詞文）、「Aさんはこわい」（形容詞文）、「Aさんはよく働く」（動詞文）と話すのも自然です。「は」を使うか否かは、述語の種類に関係ありません。従ってこの命題も正しくありません。

4 《判断文に「は」を使うという理論》の疑問
　さらに、判断文に「は」を使うという「理論」も見られますが、例えば空をみて、「今日は空が青い」と言うのと「空が青い」と言うのを比べ、前者が判断文で後者が現象文であるというのは、日本語学習者だけでなく日本人にとっても理解しがたく、トピックのある文かない文かという違いでしかありません。

　この他にも「は」についての説明は数えきれないほどありますが、こうした「理論」は教えれば教えるほど混乱を招くだけで、「は」のシンプルな定義と使い方を理解する妨げになります。

結論:「は」を使うか「が」を使うかなどという問題は存在しない

　日本語学習者には、「は」の定義すなわち「『は』はトピックマーカーである」ことと、使い方すなわち「ある言葉をトピックにしたいときだけその言葉に『は』を追加する」、ということのみ指導するべきだと思います。そして「は」は「が」や「を」の代わりに使うのでなく、「は」を付け加えると「が」や「を」は陰に隠れて働きをするというように理解させるべきだと思います。なぜなら、副助詞は格を表さないという原則が保たれるからです。
　補足になりますが、「が」や「を」が脱落する現象に似たようなことは他の言語でも見られます。たとえばフランス語では、前置詞を付けると前置詞と冠詞が合体してしまうケースがあります。
　　　前置詞　à de　は　定冠詞 le, les と合体する

à + le　→　au
à + les　→　aux

de + le　→　du
de + les →　des

　フランス語学習では、「au」を使うか「le」を使うかなどという問題は存在しません。前置詞「à」を使うと「à」と「le」が合体して「au」になる、というルールを教えているからです。
　そう考えると日本語において、副助詞「は」を付けると「が」や「を」が脱落するといことは何らむずかしいことではありません。
　要するに日本語において、「は」を使うか「が」を使うかなどという問題は存在しないのです。

補足：文法のあるべき姿

　本書の中で「文法はできるだけ普遍的なものに」と何度も述べていますが、文法は法則だからです。法則というのは、シンプルでかつ例外は最小限でなければならず、できることなら100パーセント真理であるべきです。
　従来、「が」以外の格助詞の定義や法則は非常にシンプルに教えられています。述語との関係を表すだけで、「を」は目的語、「で」は場所、手段を示すなどとされ、未知の情報や現象文に使うとか、強調するために用いるなどという余計なことは言われていません。「が」についても余計なことは言うべきではありません。「主語、対象語を示す」というのが唯一の法則です。

巻末資料1　動詞付き50音表

を o	いわない iwanai	かえらない kaeranai	や ya	よまない yomanai	は ha
ん n	いいます iimasu	かえります kaerimasu	(い) (i)	よみます yomimasu	ひ hi
	いう iu	かえる kaeru	ゆ yu	よむ yomu	ふ hu
	いえば ieba	かえれば kaereba	(え) (e)	よめば yomeba	へ he
	いおう ioo	かえろう kaeroo	よ yo	よもう yomoo	ほ ho
	いって itte	かえって kaette		よんで yonde	

ぱ pa	よばない yobanai
ぴ pi	よびます yobimasu
ぷ pu	よぶ yobu
ぺ pe	よべば yobeba
ぽ po	よぼう yoboo
	よんで yonde

パソコン・スマートフォン用音声サイト
URL: http://www.voiceblog.jp/newsystem-japanese/

特許第1780123号
JAPAN PATENT NO. 1780123

し**な**ない shi**na**nai	ま**た**ない ma**ta**nai	はな**さ**ない hana**sa**nai	き**か**ない ki**ka**nai	あ *a*
し**に**ます shi**ni**masu	ま**ち**ます ma**chi**masu	はな**し**ます hana**shi**masu	き**き**ます ki**ki**masu	い *i*
し**ぬ** shi**nu**	ま**つ** ma**tsu**	はな**す** hana**su**	き**く** ki**ku**	う *u*
し**ね**ば shi**ne**ba	ま**て**ば ma**te**ba	はな**せ**ば hana**se**ba	き**け**ば ki**ke**ba	え *e*
し**の**う shi**no**o	ま**と**う ma**to**o	はな**そ**う hana**so**o	き**こ**う ki**ko**o	お *o*
しん**で** shi**nde**	ま**って** ma**tte**	はな**して** hana**shite**	き**いて** ki**ite**	

だ *da*	ざ *za*	およ**が**ない oyo**ga**nai
ぢ *ji*	じ *ji*	およ**ぎ**ます oyo**gi**masu
づ *zu*	ず *zu*	およ**ぐ** oyo**gu**
で *de*	ぜ *ze*	およ**げ**ば oyo**ge**ba
ど *do*	ぞ *zo*	およ**ご**う oyo**go**o
		およ**いで** oyo**ide**

巻末資料2　動詞はやわかり表（特許第1780123号）

表1　動詞の活用形

活用形	グループ1 （例：いく）	グループ2 （例：おきる）	例外 くる	例外 する
ない形	い<u>か</u>ない	おきない	こない	しない
ます形	い<u>き</u>ます	おきます	きます	します
辞書形	い<u>く</u>	おきる	くる	する
ば形	い<u>け</u>ば	おきれば	くれば	すれば
よう形	い<u>こ</u>う	おきよう	こよう	しよう
て形	表2参照	おきて	きて	して

表2　グループ1動詞の「て形」と「た形」

活用ライン	かきくけこ	がぎぐげご	さしすせそ	たちつてと	らりるれろ	わいうえお	なにぬねの	ばびぶべぼ	まみむめも	例外
て形 た形	−いて −いた	−いで −いだ	−して −した	−って −った			−んで −んだ			
例 ↓ て形 た形	き<u>く</u> ↓ きいて きいた	およ<u>ぐ</u> ↓ およいで およいだ	はな<u>す</u> ↓ はなして はなした	ま<u>つ</u> ↓ まって まった	かえ<u>る</u> ↓ かえって かえった	い<u>う</u> ↓ いって いった	し<u>ぬ</u> ↓ しんで しんだ	よ<u>ぶ</u> ↓ よんで よんだ	よ<u>む</u> ↓ よんで よんだ	い<u>く</u> ↓ いって いった

資料1、2は『ニュー・システムによる日本語』に基づいて作成

巻末資料３　初期に学ぶ６つの活用形と６つの公式

６つの活用形
ない形
ます形
辞書形
ば形
よう形
て形

６つの公式
ない形＋んです
ます形　ます・ません
辞書形＋んです
ば形＋いいですか
よう形＋とおもいます
て形＋ください

グループ１（例：いく）

| いかないんです |
| いきます・いきません |
| いくんです |
| いけばいいですか |
| いこうとおもいます |
| いってください |

グループ２（例：おきる）

| おきないんです |
| おきます・おきません |
| おきるんです |
| おきればいいですか |
| おきようとおもいます |
| おきてください |

くる

| こないんです |
| きます・きません |
| くるんです |
| くればいいですか |
| こようとおもいます |
| きてください |

する

| しないんです |
| します・しません |
| するんです |
| すればいいですか |
| しようとおもいます |
| してください |

巻末資料4　主な研修先

名 称	備 考
AIG S.E. Asia Pte Ltd	AIG（保険会社）
Aiwa Singapore Pte Ltd	アイワ
Alkaff Mansion Pte Ltd	（レストラン）
All Nippon Airways Co Ltd	全日空
Asahi Techno Vision Singapore Pte Ltd	旭硝子
Asia Matsushita Electric Singapore Pte Ltd	松下電器
Asia Matsushita Logistic Co	（松下グループの会社）
AVX Kyocera Singapore Pte Ltd	京セラ
Bankers Trust Company	バンカーズ・トラスト（証券会社）
C.A.A.S. (Civil Aviation Authority of Singapore)	シンガポール空港局（政府）
Carlton Hotel Singapore	カールトンホテル
Chanel Pte Ltd	シャネル
Charles Jordan	シャルル・ジョルダン
Citibank	シティバンク（銀行）
Daiwa Singapore Ltd	大和証券
Dentsu Singapore Pte Ltd	電通
Economic Development Board	経済発展局（政府）
Epson Pacific Singapore Pte Ltd	エプソン
Esprit Retail Pte Ltd	エスプリ
Fuji Xerox Asia-Pacific Pte Ltd	フジ・ゼロックス
Giordano Original Singapore Pte Ltd	ジョルダーノ
Goodwood Park Hotel	グッドウッドパークホテル
Handicaps Welfare Association	（チャリティーとして）
Harlow Ueda, Sassoon Singapore Pte Ltd	ハーロー・ウエダ（金融会社）

Hewlett Packard Singapore Pte Ltd	ヒューレット・パッカード
Hitachi Asia Pte Ltd	日立
Hitachi Nippon Steel Semiconductor (S) Pte Ltd	（半導体メーカー）
Hotel Imperial Singapore	インペリアルホテル
IBM Singapore Pte Ltd	IBM
IHI Marine Engineering (S) Pte Ltd	石川島播磨
Institute of System Science, National University of Singapore	国立シンガポール大学
Intercontinental Singapore	インターコンチネンタルホテル
ITE College West	（大学）
Itochu Petroleum Co (S) Pte Ltd	伊藤忠
Japan Airlines	日本航空
Jurong Birdpark	バードパーク
Jurong Country Club	ジュロンカントリークラブ
Jurong Crocodile Paradise Pte Ltd	ワニ園
Khattar Wong & Partners	（弁護士事務所）
Kinokuniya Book Stores of Singapore Pte Ltd	紀伊国屋書店
Kyowa Singapore Pte Ltd	協和銀行
Land Transport Authority	陸運局（政府）
Louis Vuitton (Singapore) Pte Ltd	ルイ・ヴィトン
Management Development Institute of Singapore	（研究機関）
Matsushita Electronics (S) Pte Ltd	松下電器
Matsushita Kotobuki Electronics Industries (S) Pte Ltd	（松下グループの会社）
Matsushita Technical Centre	（松下グループの会社）
Merrill Lynch International Bank Ltd	メリルリンチ（金融会社）
Metro Pte Ltd	メトロ（デパート）
Mitsubishi Elevator(Singapore) Pte Ltd	三菱エレベーター
Mitsubishi Trust and Banking Corporation	三菱信託銀行

Montblanc Pte Ltd	モンブラン（万年筆）
Morgan Guaranty Trust Co	モーガン（金融会社）
MUJI (Singapore) Pte Ltd	無印良品
Nadaman Restaurants, Shangri-la Hotel	灘万（レストラン）
Nakano Singapore Pte Ltd	中野組（建設会社）
National Semi-conductor Manufacturer (S) Pte Ltd	（半導体メーカー）
N.C.B. (National Computer Board)	（政府）
NEC Mobile Communications Development (S) Pte Ltd	NEC
Nina Ricci Singapore Pte Ltd	ニナ・リッチ
NTT Singapore Pte Ltd	NTT
NYK SHIPMANAGEMENT PTE LTD	日本郵船
Obayashi Singapore Pte Ltd	大林組（建設会社）
Omron Managing Centre of Asia Pacific	オムロン
Panasonic Factory Solutions Asia Pacific Pte Ltd(PFSAP)	（松下グループの会社）
Panasonic Semiconductor Asia Pte Ltd (PSCSG)	（松下グループの会社）
Peninsula Hotel	ペニンシュラホテル
P.S.A (Port of Singapore Authority)	港湾局（政府）
Raffles Hospital Pte Ltd	（病院）
Raffles Hotel, Singapore	ラッフルズホテル
Rotary Club	ロータリークラブ
Sanyo Energy (S) Pte Ltd	（商社）
Seiko Instruments Singapore Pte Ltd	セイコー
Selangor Pewter Singapore Pte Ltd	ロイヤルセランゴール
Sentosa Resort & Spa	セントーサ島
Shangri-la Hotel Singapore	シャングリラホテル
Sheraton Towers	シェラトンホテル
Shimano Singapore Pte Ltd	シマノ
Singapore Airlines	シンガポール航空

Singapore Epson Industrial Pte Ltd	エプソン
Singapore Hilton Hotel	ヒルトンホテル
Singapore Management University	（大学）
Singapore Tourism Board	観光局（政府）
Singapore Zoological Gardens	シンガポール動物園
Sony Display Device (S) Pte Ltd	（ソニーグループの会社）
Sony Electronics (S) Pte Ltd	（ソニーグループの会社）
Sony Systems Design International Pte Ltd	（ソニーグループの会社）
Sumitomo Bakelite (S) Pte Ltd	住友ベークライト
Sumitomo Electric International Singapore Pte Ltd	住友電気
Sumitomo Mitsui Banking Corporation	三井・住友銀行
Taiyo Yuden (S) Pte Ltd	太陽油田
Teijin Polycarbonate Singapore Pte Ltd	帝人
The Export Institute, Singapore Trade Development Board	貿易発展局（政府）
The Long-Term Credit Bank Of Japan	長期信用銀行
The Regent Singapore, A Four Seasons Hotel	リージェントホテル
Tokyo Electron Singapore Pte Ltd	東京エレクトロン
Toshiba Electronics Asia (Singapore) Pte Ltd	（東芝グループの会社）
Toshiba Machine S.E. Asia Pte Ltd	（東芝グループの会社）
Toyochem Ink Pte Ltd	東洋ケミカル
Toyo Ink Pan Pacific Pte Ltd	東洋インク
Toyota Motor Asia Pacific Pte Ltd	トヨタ
Triumph International Singapore Pte Ltd	トリンプ
Waterford Wedgwood Japan Ltd	ウェッジウッド
Yamaichi Merchant Bank Singapore Pte Ltd	山一証券
Yanmar Asia Singapore Corporation Pte Ltd	ヤンマー
Yusen Air & Sea Service (S) Pte Ltd	郵船ロジスティクス

◎エピローグ

　本書は私が 30 年間抱き続けていた思いをまとめたものです。

　私が実践してきた初級日本語教育は、従来のものとあまりにもかけ離れていますが、この本を読み終えて皆さんはどのような感想を持たれましたか。賛否両論、議論の渦が巻き起こることを期待しています。

　思えば 2012 年に教科書『ニュー・システムによる日本語』をインターネットに公開して以来、これを世界に広めるために孤軍奮闘してきましたが、現在では共感を持って下さる方が増えて、さまざまな形で協働できるようになりました。教員向けのセミナーや学生への講義のほかに、教科書の中国語版出版や学習用アプリの開発などです。

　動詞の活用を覚えるのに悪戦苦闘し、しかも使えるようにならない時代が終わり、日本語学習者がみな動詞の活用形を自在に使いこなして会話を楽しめる日が来ることを願ってやみません。そのような日が到来したら、「ます形」だけを使って話していた時代があったことを不思議に思うに違いありません。例えて言うなら、今はだれもがパソコンを使いこなして様々な作業をしていますが、かつてプログラム言語を習得したほんのわずかの人しかコンピューターを使えない時代があったことが不思議に感じられるようなものです。

　本書執筆にあたり、現代人文社の成澤壽信氏にはたくさんのアドバイスをいただき、こうして完成させることができました。この場を借りてお礼申し上げます。

　2015 年 6 月

海老原峰子

◎著者プロフィール

海老原峰子（えびはら・みねこ）

上智大学理工学部数学科卒業。
1985年シンガポールで日本語学校設立。
動詞活用一括導入の教授法を開発し、教科書『ニュー・システムによる日本語』を出版。
教授法と学習用ソフトで特許取得。
2016年に『ニュー・システムによる日本語〔中国語・英語版〕』（現代人文社）、2020年に『日本語教師として抜きん出る──あなたは初級日本語の「常識」が打ち破れますか』（現代人文社）を出版。
現在は主に中国の大学で講義、セミナーを実施。

日本語教師が知らない動詞活用の教え方
（にほんごきょうし　し　どうしかつよう　おし　かた）

2015年7月7日　第1版第1刷発行
2023年12月25日　第1版第6刷発行

著　者………海老原峰子
発行人………成澤壽信
発行所………株式会社現代人文社
　　　　　　〒160-0004　東京都新宿区四谷2-10八ッ橋ビル7階
　　　　　　振替　00130-3-52366
　　　　　　電話　03-5379-0307（代表）
　　　　　　FAX　03-5379-5388
　　　　　　E-Mail　henshu@genjin.jp（代表）／hanbai@genjin.jp（販売）
　　　　　　Web　http://www.genjin.jp
発売所………株式会社大学図書
印刷所………株式会社ミツワ
DTP編集………かんら（木村暢恵）
ブックデザイン…加藤英一郎

検印省略　PRINTED IN JAPAN　ISBN978-4-87798-612-4　C0081
©2015　Ebihara Mineko

JPCA
日本出版著作権協会
http://www.jpca.jp.net/

本書は日本出版著作権協会（JPCA）が委託管理する著作物です。複写（コピー）・複製、その他著作物の利用については、事前に日本出版著作権協会（電話03-3812-9424, e-mail:info@jpca.jp.net）の許諾を得てください。